대표 저자 **백형진**

선수 트레이너가
알아야 할
모든 것

선수 트레이너가 알아야 할 모든 것

초판 1쇄 인쇄 2019년 1월 2일
초판 1쇄 발행 2019년 1월 2일

지은이	백형진
공 저	김동현, 김명건, 김무성, 김문교, 김보성, 김성언, 김송미, 김주영, 김유경, 김지연, 김한솔, 김한울, 곽민영, 문기범, 박상협, 박좌훈, 박세훈, 박주형, 백광열, 백형진, 변우진, 서동균, 서용하, 손성준, 손용국, 심규화, 선종협, 안도혁, 양지혜, 우연준, 이동근, 이보라, 이서진, 이종빈, 이종창, 이준화, 이현욱, 전박근, 전상준, 전종서, 전병연, 전익주, 정건혁, 조승현, 지상민, 차범걸, 최근훈, 최병우, 최성우, 최인향, 최형주, 최희정, 한승욱, 한지훈, 김주현
발행처	예방의학사
주 소	서울시 송파구 석촌동 150-3 B1
문의처	010-4439-3169
이메일	prehabex@naver.com
ISBN	979-11-960802-0-4
가 격	15,000 원

*저자와의 협의에 의해 인지를 생략합니다.
*이 책은 저작권법에 의해 보호를 받는 저작물이므로 동영상 제작 및 무단전제와 복제를 금합니다.
*잘못된 책은 구입하신 서점에서 교환해 드립니다.

선수 트레이너가 알아야 할 모든 것

KPEA 재활 예방운동 연구소
http://cafe.naver.com/prehablab

대표저자

백 형 진

現 대한예방운동협회 협회장
現 한양대 미래인재교육원 겸임교수
現 바디메카닉 총괄이사 (BM Pilates & PT)
現 국제재활코어필라테스협회 교육이사.
前 한림연예예술고등학교 바디라인 강사.
前 세계킥복싱연맹(WKF) 국가대표팀 코치
前 세계보디빌딩연맹 국가대표팀 컨디셔닝 코치
前 아시아선수권 사이클 국가대표팀 AT
前 프로복싱 TEAM RSC 컨디셔닝 코치
前 핀수영 TEAM S.H 컨디셔닝 코치

저서 및 역서

1. 운동 수행력 향상과 부상 예방을 위한 프리햅 운동 대표역자
2. 프리햅 운동 연부조직이완법 대표역자
3. 과학적인 근력운동과 보디빌딩 공동역자
4. 중력극복 체조 및 바디웨이트 공동역자
5. 혼자서 가능한 근막 이완 퍼펙트 가이드 공동역자
6. 운동백과(Anatomy exercise) 공동역자
7. 초저온 냉각요법 미라클 크라이오 대표저자
8. 하이퍼볼트 컨디셔닝 테크닉 대표저자
9. WADO 볼 테라피 대표저자
10. 통증 및 체형개선을 위한 폼롤러 필라테스 101 대표저자
11. 선수트레이너의 모든건 (그것이 궁금하다) 대표저자
12. KAATSU 가압 트레이닝 가이드 대표저자
13. 플래시 반응 트레이닝 대표저자
14. 필라테스,요가 강사, 트레이너를 위한 자세평가 대표저자
15. 알기쉬운 미라클 EMS 트레이닝 가이드 공동저자
16. 해부학 쉽게 공부하기 공동저자
17. 근육학 쉽게 공부하기 공동저자
18. 생활 스포츠 지도사 합격공식 노하우 공동저자
19. 보디빌딩 실기 & 구술 교과서 공동저자
20. 근골격 질환 통증 개선 HTS 솔루션 공동저자
21. 필라테스 지도자와 교습생을 위한 교과서(매트) 공동저자
22. 필라테스 지도자와 교습생을 위한 교과서(리포머) 공동저자
23. 필라테스 지도자와 교습생을 위한 교과서(베럴.체어.케달락) 공동저자
24. 골프 트레이너 가이드 공동저자
25. 체대입시 솔루션 공동저자
26. 필라테스 강사가 알아야 할 101가지 대표저자
27. 트레이너가 알아야 할 101가지 대표저자

공동저자

김동현 (現 경희대 태권도 겨루기팀 AT)
김명건 (前 코레일 사이클단 AT)
김무성 (現 경희대 태권도 품새팀 AT)
김문교 (現 사격 국가대표팀 AT, 피지오짐)
김보성 (前 상주시청 사이클단 AT)
김성언 (펄습랩&펄스짐 대표)
김송미 (Liverpool John Moores University)
김주영 (한국과학기술원(카이스트) 인문사회과학부 대우교수)
김유경 (H&K 운동과학센터 대표)
김지연 (Deutsche Sporthochschule Köln)
김한솔 (경기스포츠과학센터 연구원)
김한울 (前 바이애슬론(스키&사격) 국가대표팀 AT)
김주현 (하우스 오브 스트렝스 공동대표)
곽민영 (現 아이스하키 여자 국가대표팀 AT)
문기범 (現 PACE 선수트레이닝 센터장)
박상협 (現 경희대 배드민턴팀 AT)
박세훈 (Mercy Sports Medicine – MSAT, LAT)
박좌훈 (前 사이클 국가대표팀 AT/바른몸 박선생)
박주형 (現 바디메카닉 대표)
백광열 (現 파워짐 플래티넘 센터장 AT)
변우진 (現 남자럭비 국가대표팀 AT)
서동균 (現 경희대 야구팀 AT)
서용하 (장안대학교 생활체육과 연구원)
선종협 (KMW 골프 피트니스 벤 팀장)
손성준 (차의과학대학교 스포츠의학대학원 선수트레이닝전공 주임교수)
손용국 (現 육상 국가대표팀 AT)
심규화 (前 대한항공 프로배구단 심규화 AT)
안도혁 (現 후한의원 부설 포바즈 체형교정센터 AT)

양지혜 (국제재활코어필라테스협회 교육이사)
우연준 (서울 G병원 스포츠의학센터)
이동근 (現 바디퍼포먼스 대표)
이보라 (現 사격 국가대표팀 AT)
이서진 (Own Private Studio 대표)
이종빈 (現 파라 아이스하키 국가대표팀 AT)
이종창 (前 경희대학교, 리라아트고등학교 태권도 겨루기 AT)
이준화 (前 대전광역시 휠체어농구팀AT)
이현욱 (Brigham Young University)
전박근 (스포츠패나틱 대표)
전병연 (前 프로 복싱팀 AT)
전상준 (現 필립SRP 선수 컨디셔닝 센터장)
전익주 (KMW 골프 피트니스 벤 실장)
전종서 (前 대한장애인스키협회 국가대표팀 신인팀 AT)
정건혁 (現 알파인스키 상비군, 꿈나무선수 AT)
조승현 (D.C 現 팔메메디스포츠 대표)
지상민 (前삼성서울병원 스포츠의학센터 운동처방사)
차범걸 (前 부산시체육회 역도팀 AT)
최근훈 (경희대학교 운동생리학 박사)
최병우 (現 전북 기계체조팀 AT)
최성우 (前 고양 오리온스 프로농구팀 AT)
최인향 (Msc/Phd candidate in Sport, Exercise & Rehabilitation Science)
최형주 (現 선수촌병원 AT)
최희정 (차의과학대학교 통합의학대학원 교수)
한지훈 (現 봅슬레이 스켈레톤 국가대표팀 AT)
한승욱 (Bridgewater State University)

선수트레이너 지망생을 위해서

저 또한 운동선수였고 은퇴 선수로서 막연한 진로에 방황 했습니다. 선수트레이너를 해야겠다는 목표를 정하고 꿈을 꾸며 준비를 시작했을 때 어려움이 많았습니다. 수많은 선수트레이너 지망생들이 막연한 목표에 제한된 정보로 준비를 못하고 포기를 하거나, 부족한 정보와 준비로 실제 현장에서 고생하며 꿈꾸던 모습과 달라서 괴리감에 좌절하는 경우가 많습니다. 선수트레이닝을 하는 방법과 같은 정보와 지식은 과거보다 교육들도 많아지고, 전공 서적도 많이 번역 되었지만, 선수트레이너를 준비하는 입장에서는 지식도 중요하지만 실제 현장에 대한 이야기와 궁금증이 아직도 많이 있는데 이러한 가려운 부분을 시원하게 긁어줄 사람들도 준비하는 사람 입장에서는 대부분 모르고 있고, 저 또한 이러한 질문들을 많이 받지만 한정된 경험으로 부족한 것이 많아 모두 대답해 드릴 수 없어서 각 분야의 전문가 분들을 모셔서 함께 AT를 지망하시는 분들이 궁금해 하시는 질문들을 모아서 그에 대한 답을 드릴 수 있도록 이 책을 준비 했습니다.

선수트레이너를 하려면 어떠한 자격증을 취득하면 좋은지, 자격증을 취득하기 위해 해야하는 공부의 종류, 유학 준비 노하우와 해외 선수트레이닝 시장의 시스템과 생생한 후기 그리고 실제 활동중인 선수트레이너들의 조언 등 다양한 정보를 공유하고자 이 책을 기획하게 되었고 50명이 넘는 선수트레이너 분가 참여해 책의 완성도를 높일 수 있었습니다. 선수트레이너의 발전을 위한 끊임 없는 노고와 진심 어린 조언을 해주신 50명의 선수트레이너분들께 이 자리를 통해 다시 한번 감사의 말씀을 드리며, 선수트레이너 지망생분들에게도 도움이 되기를 바랍니다.

대한예방운동협회 & 바디메카닉
2018년 12월 5일

대표 저자 **백 형 진**

목차

서문

Chapter 1. 선수트레이너의 이해	9
선수트레이너(Athletic trainer)란	10
선수트레이너가 되려면 어떠한 교육 내용을 공부 해야 하나요?	13
선수트레이너의 필요성이 있나요?	14
선수트레이너가 되려면 어떻게 해야 할까요?	15
선수트레이너 관련 자격증이 반드시 있어야 할까요?	16
선수트레이너의 발전과 역할	17
선수트레이너, 체력코치, 재활트레이너 무슨 차이가 있나요?	21
피지컬 트레이너란 무엇인가요?	22
선수트레이너는 체력 및 재활훈련을 어떤 것을 고려해서 이루어 져야 하나요?	24
선수트레이너의 일과와 고충이 무엇이 있나요?	28
선수트레이닝을 할 때 남/녀 선수의 차이가 무엇이 있나요?	29
해외 AT 단체는 무엇이 있나요?	30
해외 AT 학술지는 어디가 있나요?	31
선수트레이너가 봐야 하는 책이 무엇인가요?	32
선수트레이너는 연봉 및 근무 여건이 어떻게 되나요?	38
선수트레이너의 하루 일과는 어떻게 되나요?	39
선수트레이너의 필수품이 무엇인가요?	40
선수트레이닝에서 회복 및 영양 섭취의 중요성	44
선수트레이너의 코칭 스탭과의 관계와 성비가 어떻게 되나요?	46
선수트레이너(ATC) 가 되려면 어떤 과정을 거쳐야 하나요?	47
미국 선수트레이닝 전공 프로그램은 무엇이 있나요?	48
유학 준비 과정 안내 및 Bridgewater State University AT program 소개	51
해외 스포츠 과학 영국 사례	59
해외 스트랭스 컨디셔닝 유학 영국 사례	61
해외 선수트레이닝 유학 미국 사례	62
해외 선수트레이닝 유학 독일 사례	67
해외 선수트레이닝 카이로프랙틱 미국 사례	68
선수트레이너의 운동선수와 도핑의 이해	71
선수트레이닝에 스포츠심리(멘탈코칭)에 중요성	75
선수 전문 재활 PT센터	77
선수 컨디셔닝 센터 소개 및 조언	79
선수출신 선수트레이너 필립 SRP 센터	82
축구 선수트레이닝 전문센터	84
비시즌기 선수 개인 트레이닝	87
선수트레이너의 길을 가는 여러분께 Special One	90

병원에서의 선수트레이닝	92
한의원에서의 선수트레이닝	95
필라테스를 통한 운동선수 트레이닝	97
운동선수의 가압 트레이닝의 적용	98
운동선수의 EMS 트레이닝의 적용	100
운동선수의 클럽 & 메이스 트레이닝의 적용	101
움직이는 선수트레이닝 센터 The Fitness Van	103
선수들의 최신 리커버리 방법 CryoTherapy	104

Chapter 2. 종목별 선수트레이닝 이야기   105

핀수영 선수트레이닝	106
수영 선수트레이닝	110
봅슬레이 & 스켈레톤 선수트레이닝	112
보디빌딩 선수트레이닝	114
축구 선수트레이닝	117
럭비 선수트레이닝	119
농구 선수트레이닝	121
알파인 스키 선수트레이닝	123
파라 아이스하키 선수트레이닝	125
프로복싱 선수트레이닝	127
바이애슬론 (스키&사격) 선수트레이닝	129
배구 선수트레이닝	131
사격 선수트레이닝	133
스키 선수트레이닝	135
세팍타크로 선수트레이닝	137
육상 선수트레이닝	139
체조 선수트레이닝	141
배드민턴 선수트레이닝	142
태권도 (겨루기) 선수트레이닝	144
태권도 (품새) 선수트레이닝	149
사이클 선수트레이닝	151
핸드볼 선수트레이닝	153
골프 선수트레이닝	156
야구 선수트레이닝	158

Chapter 1.
선수트레이너의 이해

Athletic trainer란

선수트레이너(Athletic trainer)는 팀이나 재활병원, 선수트레이닝 센터 등에서 운동선수들의 의료와 운동에 관해 선수가 상해를 입은 시기부터 완전히 나아 스스로 연습 또는 경기에 복귀할 때까지 전반적인 회복기간 동안 선수를 관리하는 역할을 한다. 운동현장에서는 athletic training team 으로 구성되어 있으며, 구성인원을 보면 코치, AT, 팀 닥터로 구성되어 긴밀한 상호 협조속에서 다양한 역할을 수행하게 된다. 이러한 구성인원을 바탕으로 모든 운동제반환경에 대해 선수의 건강을 책임지며, 운동상해 예방과 사고 발생시 처치를 책임진다. 특히 응급처치와 부상관리평가, 재활치료에 대한 관리와 프로그램작성 관리 등의 일을 해준다. 선수트레이너는 스포츠와 경기를 사랑하고 즐기며, 여러가지 문제들에 대처할 수 있는 순발력과 재치 그리고 인내심과 다양한 케이스에 대한 지식의 습득에 꾸준히 노력을 기울여야 한다. 특히 선수들과 구성원과의 관계에서 긍정적이고 봉사하는 마음으로 일해야 하며, 팀에서의 역할을 기술하면 다음과 같다.

1. 선수의 개인 파일 및 차트관리
입단부터 현재까지 신상명세 및 체격 기록, 과거 연도별 병력, 부상경력 및 처치 기록
연도별 웨이트 훈련 기록, 현재 웨이트 훈련 기록, 연도별, 시즌별 체력검사 기록, 근력검사 기록

2. 부상선수 차트 관리
재활훈련이 필요한 선수의 경우 선수의 부상원인/상태/진단결과를 기록하고 재활훈련과 치료를 병행하며, 점진적인 훈련이 가능한 선수의 경우 선수의 상해, 처치 내용의 기록을 바탕으로 올바른 재활 훈련이 이루어지고 있는지 점검하고 재활기간의 단축을 가져올 수 있도록 철저히 기록/관리

3. 체력관리
체력측정을 정기적으로 실시할 수 있도록 연간 측정계획을 수립하고 체력측정 후 체력상태의 향상이 되고 있는지에 대한 분석과 근력 테스트와 웨이트 카드를 점검하여 근력이 떨어지지 않는지, 밸런스가 깨지지 않는지를 평가하여 부족한 근력에 대한 보강훈련 프로그램 제공

4. 상해예방과 위험인자 관리
자세 체형 평가 및 기능성 움직임 검사 등을 통해 종목별 특성에 맞는 체형인지, 정상 가동범위나 안전한 범위를 넘어서는 근육이나 관절의 문제 등을 미리 파악하여 이를 예방할 수 있는 테이핑/마사지/보강운동 프로그램/보조기 등을 제공

5. 물품관리
경기 중 응급상황, 경기와 훈련 시 부상예방이나 재활에 필요한 물품과 소모품에 대한 리스트 작성 및 관리 (테이핑, 보조기, 아이싱, 트레이닝 장비, 리커버리 용품 등)

6. 교육
경기 중 선수의 부상예방 및 부상경력이 있는 선수의 재부상을 예방하고, 가벼운 부상이 있는 선수에게 보조적인 수단으로 쓰이는 테이핑이나 응급처치법, 좀 더 빠른 회복을 위해 쓰는 물리치료를 부상에 따라 정확히 실시 할 수 있어야 하며, 능력이 부족할 경우 계속적인 교육을 받아 선수를 관리 할 수 있는 능력에 도달해야 함

경기장에서 선수를 관리하는 AT의 필수 소양인 CPR(심폐소생술), First Aid(응급처치)에 대한 교육을 받고 부상 시 적절한 처치로 2차적인 손상을 줄여야 함

AT가 선수들의 경기력을 향상시키고 선수생명을 연장시킬 수 있으려면 선수들을 관리하는데 필요한 지식과 능력이 갖추어져야 하며, 수시로 이러한 능력을 평가 받아야 한다.

7. 트레이너가 갖추어야 할 자질
해부학 지식, 의학용어 이해 능력, 트레이닝 이론 지식, 근력검사 능력, 관절검사 능력, 선수의 부상상태 평가 능력, 사이벡스나 바이오덱스 같은 등속성 측정기구 테스트 결과 해독 능력, 체력검사 결과 해독 능력, 상태에 따른 웨이트 훈련 능력, 재활 단계 평가 및 재활 프로그램 작성 능력, 물리치료 지식 및 치료기구 선택 능력, 응급처치 능력, 테이핑 능력, 기록관리 능력, 보고능력, 지시사항에 대한 수행능력, 행정력, 상담능력과 지식을 갈구하는 지적 호기심을 갖추어야 한다.

시즌 중이나 비시즌 중, 경기장에 있거나 시합 전/후로 시간과 장소에 관계없이 선수들이 주어진 상태에서 최상의 컨디션을 가지고 최상의 경기수행을 할 수 있도록 도와주고 돌보아주는 역할을 하는 것이 athletic trainer 이다.

8. 트레이닝과 컨디셔닝 프로그램의 개발
각 종목의 특성을 이해하고 시즌별 시기에 맞춰 최적화된 트레이닝 프로그램을 개발하고 제공해야 하며, 비시즌에 선수별 부족한 부분을 보강할 수 있는 보강운동 프로그램을 개발하여 제공해야 한다.

9. 안전한 경기 환경의 보장
온도와 계절의 변화에 따른 환경을 체크하여 선수들에게 훈련과 경기 환경의 영향이 최소화 될 수 있도록 신경써야 한다. 특히 원정 경기 및 국제대회 등 환경이 변수로 작용할 수 있기 때문에 이러한 영향이 운동수행능력에 악영향을 미치지 않도록 제공해주어야 한다.

10. 보호 장비의 선택, 설치, 유지
스포츠의학이 매우 빠르게 변화하면서 과거의 보호 장비보다 더 효과적인 보호 장비들이 나오고, 이는 곧 경기력 및 선수들에 부상예방과 회복에도 영향을 미칠 수 있다. 그렇기 때문에 이러한 장비의 선택 및 컨디셔닝 장비들에 설치 및 유지 보수 관리 또한 중요한 역할이다.

11. 영양의 중요성을 설명
운동, 영양, 휴식 이 세가지 요소는 선수트레이닝의 가장 핵심이라고 할 수 있다. 특히 체급 경기이거나, 지구성 종목, 토너먼트 등 종목별 특성에 따른 영양섭취 전략 및 회복에 대한 이해와 관리가 필요로 하다.

12. 적절한 의약품 사용
운동선수에게 의약품 관리는 선수들의 부상 회복을 위해서도 중요하지만 도핑이라는 문제에 항상 노출되기 때문에 단순한 감기약 조차도 허용되는 성분인지 확인을 잘 해줘야 하며 이러한 도핑 및 의약품 관리 또한 선수트레이너의 중요한 역할이다.

선수트레이너가 되려면 어떠한 교육 내용을 공부 해야 하나요?

기초학문
해부학, 생리학, 영양학, 병리학, 트레이닝방법론, 의학용어 등

1. Sports medicine
   - 스포츠의학 팀의 구성
   - 스포츠의학 용어
   - 영상진단학
   - 스포츠상해의 예방 및 관리
   - 시즌 전 검사

2. Athletic training
   - 선수 트레이닝 (종목별 특성화)
   - 기능적 운동
   - 필드 트레이닝 (SAQ, 플라이오메트릭 등)
   - 운동기능 검사

3. Management of athletes
   - 수기요법 이론 및 실습
   - 테이핑 이론 및 실습
   - 스포츠 물리치료
   - 선수 상담
   - 회복 (영양 포함)

4. Emergency care
   - 스포츠관련 심장질환
   - 심폐소생술 및 응급처치

5. Special considerations
   - 특수대상자를 위한 고려사항(장애인, 여성, 고령자, 유소년)
   - 약물과 도핑

선수트레이너(AT) 의 필요성이 있나요?

한국의 AT역사는 지난 86 아시아 경기대회, 88 서울 올림픽, 2002 한/일 월드컵 대회, 2002 부산 아시안게임, 2011 대구세계육상선수권대회, 2018 평창 올림픽을 거쳐 국제무대에서 한국의 스포츠 위상이 높아졌고, AT 교육을 실시한 것이 시작이라고 할 수 있으며, 다양한 스포츠활동의 발전과 함께 전문적인 운동선수뿐만 아니라 일반 대중 스포츠에 참여하는 인구가 급격히 증가하게 되면서 선수들이나 스포츠 동호인 등을 전문적으로 관리할 수 있는 AT의 필요성이 크게 대두되고 있다.

피겨스케이팅의 김연아, 체조의 손연재, 수영의 박태환, 야구의 류현진, 축구의 박지성 등 정상급 선수들 뿐만 아니라 초,중,고 선수들 뿐만 아니라, 특히 동호인, 생활체육인들이 훈련이나 경기 중에 입게 되는 각종 상해가 크게 증가하고 있으나 이러한 상해예방 및 관리를 전문적으로 할 수 있는 재활 및 컨디셔닝 방법에 대한 이론과 실기를 숙지한 전문인력이 크게 부족한 실정이다.

AT의 본연의 직무는 부상 예방 및 건강과 체력을 유지하면서 스포츠에 적극 참여하도록 세심하게 관리할 수 있어야 한다. 이를 위해 AT는 선수들과 스포츠 참여 인원들의 정신적, 신체적 상태를 정확하게 평가 및 개선 할 수 있어야 하고, 특히 부상의 상해 정도를 평가하고 적절한 재활프로그램을 제공하여 효과적으로 스포츠에 참여할 수 있도록 하여야 한다.

이를 위해 AT는 반드시 팀 닥터를 포함한 의사의 의료 지침에 따라 선수를 대상으로 하여 각종 스포츠의학적 검사 및 필드 테스트를 실시하고 그 결과를 분석하여 상해위험이 있거나, 상해를 입은 스포츠참여 인구들을 보다 안전하고 효과적으로 스포츠로 복귀시켜야 하는 임무 및 역할을 지니게 된다.

또한 AT는 상해를 당한 선수나 스포츠 참여 인구가 훈련과 경기에 참여할 수 있는 시기를 결정 및 조언 할 수 있는 능력과 관리 분야에 있어서 교육할 수 있어야 하며, 스포츠의과학에 발전에 맞추어 새로운 지식을 창출할 수 있는 독자적이고 창의적인 연구능력이 필수이며, 또한 이러한 활발한 연구활동을 통해 습득한 새로운 지식이나 경험을 선수들과 스포츠 참여 인구들에게 올바르게 전달할 수 있는 자질과 능력을 갖추어야 한다.

선수트레이너(AT) 가 되려면 어떻게 해야 할까요?

선수 트레이너가 되는 일반적인 과정은 관련 운동 종목 선수 출신이거나 관련 학과 전공자가 자격증 연수 및 실습, 인턴, 관련업의 종사로 경력직으로 채용이 되는 경우로 볼 수 있다. 그렇다면 선수트레이너가 되려면 어떠한 전공을 해야 할까요?

국내에는 학부 과정에 선수트레이너 과정이 단독으로 진행이 되고 있는 학교가 없다. 그래서 일반적으로 스포츠의학, 스포츠과학, 스포츠건강재활, 스포츠지도, 체육학과 같은 체육계열 전공이거나, 보건의료 계열로 물리치료학과를 나오거나 유사계열 의료 보건 및 영양학 및 기타 비전공자들 또한 현직에서 이미 일을 하고 있다.

선수트레이너를 하려면 기본적으로 해부학, 기능해부학, 영양학, 운동생리학과 같은 기초 학문과 AT 개론, 운동 손상학, 테이핑과 브레이싱, 스포츠 영양학, 도핑관리, 스포츠 심리학, 상해 평가 및 관리, 스포츠 마사지, 매뉴얼 등과 같은 응용학문을 배워야 하기 때문인데 당연히 이와 관련된 과목이 많이 들어가 있는 전공을 선택하고 공부하는 것이 유리하며, 과거와 달리 현재는 선수트레이닝의 중요성의 증가로 관련 전공 교수님들이 많이 계시고, 관련 수업들도 대학교 뿐만 아니라 석사과정에도 많이 생기고 있는 추세기 때문에 공부에 대한 뜻과 열정이 있다면 과거에 비해 진입 장벽이 낮아 졌다고 할 수 있다.

그렇다면 꼭 학교를 가야만 하는 것일까, 답은 아니다. 관련 연수 기관을 통해 교육을 받고 지식을 쌓고 자격증을 취득 후 취업을 할 수 있다.

정식 국가 자격증 중에서는 선수트레이너 라는 자격증은 없다. 생활스포츠지도사, 전문스포츠지도사, 건강운동관리사 자격증이 존재 하지만 이 3가지 영역은 선수트레이닝과는 직접적인 연관은 적으며 업무 영역으로 봤을 때는 건강운동관리사를 공부하는 것이 선수트레이닝을 공부하는 것에 도움이 되며, 전문스포츠지도사는 해당 종목에 대한 경력이 필요하기 때문에 취득해 놓는다면 그 종목의 AT가 되는데는 도움이 될 수 있다.

그럼 이외에는 어떠한 것이 있을까? 각 종목의 지도자 또는 심판 자격증을 취득 하는 것 또한 AT를 준비하는 과정에서는 도움이 될 수 있으며 국내에서는 한국선수트레이너협회 와 대한선수트레이너협회 두 협회에서 AT 관련 자격연수 교육 및 사설 자격증이 발급되고 있다. 성격은 조금 다르지만 유사한 역할로 대한체력코치협회(KCA)가 체력트레이너 또는 체력 코치 양성 과정을 진행 중이다.

선수트레이너 관련 자격증이 반드시 있어야 할까요?

선수트레이너에게 국내는 국가 공인 자격증이 없기 때문에 필수 요건은 아니다. 또한 자격증만 있고 실력이 없다면 그게 더 큰 문제가 될 수 있다. 하지만 이러한 연수를 받고 자격증을 취득하는 이유는 전문화된 교육을 받지 않고 할 수 있는 업무들이 아니기 때문에 200~300시간 정도의 연수 과정을 통해 최소한의 기본적인 소양을 갖추어야 필드에 첫 발을 내밀 수 있기 때문에 필요로 한다.

여러 협회가 있다 보니 어디가 좋으냐, 어느 협회를 선택해야 하냐 이런 질문을 많이 받지만 이 책의 목적은 AT 지망생들에게 조언을 해주는 목적이기 때문에 선입견을 심어 줄 수 있는 편파적인 내용은 다루지 않도록 하겠다. 대신 관련 추천할 전공 서적들과 대학 전공 및 관련 연수에서 못다 채운 부족한 부분을 공부 할 수 있도록 가이드를 잡아 주는 것을 목적으로 책을 구성하고 조언을 해드리고자 한다.

국내 선수트레이너, 체력코치에 대해 세부 사항은 관련 협회 홈페이지를 참고 하기 바라며, 이 외에 그럼 어떠한 국제 단체들의 교육을 공부하는 것이 도움이 될 수 있을까. 대표적으로는 NSCA 미국체력관리학회의 CSCS 과정을 들 수 있다. 스트랭스와 컨디셔닝에 대한 내용을 주로 다루기 때문에 선수를 훈련 시키기 위한 전반적인 기초 트레이닝을 공부 할 수 있으며, NASM 미국스포츠의학회의 PES 과정 또한 유사하게 선수 퍼포먼스 트레이닝에 대해 공부할 수 있는 과정 이기 때문에 많은 선수트레이너들이 함께 공부하는 경우가 많이 있다.

또한 FMS, SFMA 같은 필드에서 활용 가능한 테스트와 평가 등을 배워 놓으면 활용 빈도가 높고, TPI, GFS 와 같은 골프 및 특정 종목에 특성화된 교육들이 존재 하기 때문에 전/현직 AT 들이 뒤에 2부 챕터에서 조언을 남겨 주었다.

이처럼 관련 자격증은 자신감과 전문성을 가지게 해주고, 말과 행동에 신뢰를 만들어 줄 수 있으며, 이보다 더 중요한 것은 관련 경력을 꾸준히 쌓고 관리 하는 것이다.

선수트레이너의 발전과 역할

AT 의 역사
- 1930년대 후반, 전미 선수트레이너 협회 (NATA)
- 1950년대 Missouri의 Kansas city의 학회에서 101명의 AT들이 모여 NATA공식 출범 후 23,000여명의 회원이 활동하고 있음

NATA가 명시하는 임무
- 운동손상의 예방, 평가, 관리, 회복을 위한 교육과 연구를 통해 신체적 활동성과 건강을 향상시키는데 있다.

선수트레이너란?
- 스포츠 현장에서 부상으로 부터 선수를 지키고 보호하는 역할을 담당하는 선수훈련 전문가로 운동선수의 건강과 안전에 관한 분야에서 활동하는 자.
- 관련된 근력과 전문적 지식의 교환을 용이하게 하고 근력과 컨디셔닝 분야를 발전시키기 위해 결성된 단체.

스포츠의학이란?
- 스포츠, 운동연습, 레크레이션 활동 등으로 인한 부상이나 질병을 예방, 인식, 평가, 관리, 재활을 하는데 있어서 의학적이고 과학적인 지식을 적용하여 선수들의 체력과 운동성과를 향상 시키는 건강관리의 한 분야.

스포츠의학 전문가란?
- 선수들의 건강과 안전을 책임지고 있는 의사와 선수 트레이너

스포츠의학 팀이란?
- 현장에서 즉각적인 건강관리를 제공하기 위해서 각자 전공분야의 전문지식을 가지고 전문적인 훈련을 받은 사람들이 모이는 중추적인 집단.

스포츠의학 팀의 구성
- 팀 닥터
- 선수 트레이너 (의무/체력)
- 코치 , 스탭

팀 닥터

- 다양한 측면의 건강관리를 감독하고 잘 계획되어진 운동 프로그램을 수행하는 선수들의 정신적, 육체적, 건강 상태를 판단하는 최종 결정자이다.
- 전공 구분 없는 의료자격증을 가지고 있어야 하며 의학 박사 학위 소지자로 운동경기에 관련된 응급치료에 대한 기본지식을 가지고 있어야 한다.
- CPR 훈련을 받은 자로 외상성 장애, 근육 골격계의 부상 선수들에게 영향을 주는 의료 상황에 대한 실질 적인 경험을 가진 자여야 한다.
- 시즌전의 신체검사를 실시하고 평가해야 한다.
- 시즌 전 적용 프로그램 검토
- 보호 장비의 질, 효율성, 내구성 평가
- 부상진단, 약물투여, 재활 프로그램 지도 등
- 최신 치료기술에 대한 다양한 정보제공과 다른 의료전문가들에게 진료의뢰
- 운동선수와 부모, 선수트레이너와 코치, 지도자들에 대한 교육 및 상담

팀 닥터의 의무

- 스포츠 부상과 관련된 일반적인 위험요소를 인지하고 각 스포츠에 요구하는 신체적 능력을 알고 있어야 한다.
- 경기 전 검사를 계획하고 조직한다.
- 경기 전 검사 결과를 검토해서 경기 참가 여부를 결정한다.
- 특히 충돌과 접촉이 많은 경기와 관련된 현장에서 부상을 관리한다.
- 부상과 질병에 대한 후속 의료조치를 취한다.
- 선수들이 부상 후 경기를 안전하게 돌아올 수 있도록 재활치료 과정을 조정한다.
- 약을 투여한다.
- 의료전문가, at, 연합 건강전문가를 포함하는 여타 관리자들에게 진료 의뢰를 용이하게 해준다.
- 영양, 체력과 적용, 경기력 향상 영양제, 약물 남용, 선수에게 악영향을 끼칠지 모르는 기타 의료 문제들에 관련된 교육적인 상담을 제공한다.
- 정확한 자료와 의료 기록을 계속 정리한다.
- 의료 기록에 대한 비밀을 지킨다
- 모든 의료 양식과 정책, 절차를 검토해서 학교와 스포츠 연합 지침에 맞도록 확실히 해둔다.
- 운동 스태프에게 응급 시 정책, 절차, 건강관리 보험 보상 범위와 법적 책임을 알려준다.
- 부상 치료에 대한 최신 방법, 그 문제점과 기술에 대한 현장 교육을 실시한다.

코치의 의무
- 단주기를 통해 도달해야할 기준, 성취목표
- 목표달성을 위해 사용할 훈련 방법
- 훈련 프로그램의 세부적 사항
- 선수 개개인의 맞는 특별한 사항
- 직접적이고 솔직한 대화

AT의 의무
1. 윤리적인 문제- 무엇보다도 선수의 보호가 우선
2. 비밀유지

예방
- 부상위험을 최소화하기 위해 경기 관련 위험성에 대해 선수들에게 교육시킨다.
- 기존의 지침을 적용해서 경기 전 선별 정보를 검토한다.
- 요구되는 표준 보호장비에 대해 알린다.
- 상품이나 맞춤 장비를 이용해서 적합한 예방/보호 조치를 취한다.
- 활동 영역과 장비에 대한 안전 위험성을 밝히고 적절한 조언을 한다.
- 확립된 지침에 따라 선수와 환경 상태를 주시해서 안전 경기를 할 수 있도록 조언한다.
- 적절한 프로그램을 고안해서 실행함으로써 신체적용을 용이하게 한다.
- 임상과 치료 영역에서 안전과 위생 기준을 준수한다.
- 기존의 지침을 준수하도록 권장함으로써 건전한 영양 습관을 장려한다.

임상 평가와 진단.
- 부상 정도와 병리를 평가하기 위해서 관찰, 인터뷰, 관련 기록 검토를 통한 기록을 입수한다.
- 부상 정도와 병리를 평가하기 위해서 부상 부위를 눈으로 조사한다.
- 부상 정도와 병리를 평가하기 위해서 표준 기술들을 사용해 부상부위를 촉진한다.
- 부상 정도와 병리를 평가하기 위해서 체계적으로 구체적인 검사를 해본다.
- 적절한 조치를 결정하기 위해서 부상의 징후를 해석해 임상적인 느낌을 공식화 한다.
- 적절한 치료를 받을 수 있도록 부상평가에 대한 관련자에게 설명한다.
- 적절한 치료를 용이하게 할 수 있도록 직접 대화를 통해 자신의 부상 평가를 건강 관리팀 구성원에 설명한다.

평가
정확한 평가를 위해서는 생체역학, 운동기술, 트레이닝, 영양, 심리학에 대한 이해가 중요하다.

응급 처치
- 생명을 위협하거나 응급상황을 표준 응급처치 절차를 통해 완화시키기 위한 기술적 조치를 행한다.
- 표준 기술을 사용 부상 상태에 악화를 막고 상해를 안정시키도록 근육 골격상의 부상을 최소화 한다.
- 기존의 중재 규약을 통해 심리 사회적인 상처에 대한 진료의뢰나 지침을 제공한다.
- 응급 치료를 용이하기 위해서 표준 응급처치 절차에 대해 관련자들을 교육 시킨다.

치료, 재활, 복귀
- 회복, 기능, 경기력 향상을 위해서 표준 기술과 절차를 통한 예방적 운동과 치료법을 권장한다.
- 회복을 위해서 표준 기술과 절차를 통한 일반적인 질병 치료를 권장한다.
- 회복을 위해서 부상의 치료, 재활, 복귀에 대해 선수들을 교육시킨다.
- 회복을 위해서 부상, 질병의 치료, 복귀에 대해 지침을 선수들에게 제공한다.

조직과 관리
- 선수를, 스포츠 활동, 경기를 위한 건강 관리 서비스와 루틴을 제공하기 위해서 행동 계획을 세운다.
- 안전 경기, 시기 적절한 치료와 법 준수를 장려하기 위해 정책과 절차를 문서화 한다.
- 안전과 법 준수를 장려하기 위해서 편의시설, 치료, 활동 영역에 대한 정책과 절차를 문서화 한다.
- 최신 기준에 맞추기 위한 정책과 절차를 확립함으로써 활동 영역에 대한 안전과 위생 기준을 준수한다.
- 적절한 건강 관리 서비스를 제공하기 위해 예산과 시간 관리 계획을 세우고 자원들을 관리한다.
- 지속적인 관리를 제공하고 서비스를 문서화 하기 위해서 시스템을 통해 계속 기록들을 유지한다.

전문적 책임
- 질 높은 AT 서비스를 제공하기 위해 적절한 기준을 준수함 으로써 전문적인 행동을 보여 준다.
- 계속적인 교육을 통해 경쟁력을 유지한다.
- 사람들이 AT 서비스를 알고 이용할 수 있도록 공식, 비공식, 방법들을 통해 역할과 기준을 알린다.
- 공공의 복지와 안전에 공헌하기 위해 법적 요구 사항들을 잘 이해함으로써 선수트레이닝 활동과 관련된 법령, 규정, 판례법을 준수한다.

선수트레이너, 체력코치, 재활트레이너 무슨 차이가 있나요?

트레이너,
없어서는 안 될 핵심 요원이며 선수들의 건강을 책임지는 팀의 어머니와도 같다.

트레이너는 선수들의 컨디션을 책임지는 역할을 한다. 주요임무는 부상과 체력관리. 체력 트레이너는 웨이트 트레이닝과 준비운동, 스트레칭 등 선수들이 경기에서 힘을 쓸 수 있도록 도우며, 의무 트레이너는 부상 처치와 재활, 치료, 부상 평가 등을 맡는다.
각자 맡은 역할과 분야가 다양하다 보니 3명 이상의 트레이너를 고용하는 구단도 늘고 있다.
즉, 체력과 재활, 의무 등을 분업화하여 운영하는 것. 또, 이들을 총괄하는 수석 트레이너도 있다.

"체력 파트에서는 컨디셔닝이나 체력 향상을 위한 트레이너가 따로 있고, 의무 파트에서는 부상 관리를 맡고, 겨울철에는 감기와 같은 위생관리에도 신경 쓴다. 역할이 다양하다 보니 트레이너간의 호흡도 중요하며, 의견 충돌이 있을 때면 미팅을 통해 협의하고 조언도 구한다.
트레이너끼리는 매일 미팅도 해야 하고 의견도 다를 수 있지만 이 모든 의견은 선수를 사랑하고 아끼는 마음에 기반한다.

"트레이너가 되기 위해서 전문지식을 가지는 것이 중요하다. 하지만 제일 중요한 것은 인성이 갖춰져 있는 트레이너가 되는 것이다" 라는 말을 기억하고, 자신에 역량을 키워 의무, 체력 가리지 말고 모두를 아우를 수 있어야만 훌륭한 선수트레이너가 될 수 있다.

아직 까지 국내에서는 몇몇 프로구단을 제외하고는 업무 분담이 정확히 되는 경우는 매우 드물며 선수출신이거나, 체육전공자들이 주로 체력훈련을 같이 하며 체력트레이닝 파트를 하는 경우가 많고, 물리치료사나 의료 보건 계열, 병원 출신의 트레이너가 의무 파트를 담당 하는 경우가 많다.

피지컬 트레이너란 무엇인가요?

피지컬 트레이너(Physical trainer)란, 팀에 소속되어 선수들의 체력 및 기술 훈련은 물론 부상선수들의 재활 훈련에 이르기까지 선수들의 기초기술 및 체력관리에 관계된 모든 업무를 수행하며, 훈련과정에 필요한 경기, 훈련 전 후의 컨디션을 유지하도록 관리하고 지도하는 역할을 한다. 피지컬 트레이닝이라는 명칭은 나라마다 조금씩 다른데 일반적으로 Physical Training이라고 불린다. 영국은 Fitness & Conditioning coach, 일본은 Physical coach, 미국은 Strenghth & Conditioning coach, 브라질은 Physical Preparator 그리고 우리나라에서는 Physical Trainer로 사용되고 있다.

축구 피지컬 트레이닝의 역사는 1954년 FIFA 스위스 월드컵까지 거슬러 올라간다. 이 대회에서부터 최초로 피지컬 코치가 일부 축구 국가대표팀 선수단 명단에 등장했기 때문이다. 하지만 이 때만 해도, 피지컬 코치는 과학적 지식을 갖추지 않고 선수들에게 강하고 힘든 체력 트레이닝만 지도하는 역할에 가까웠다. 그러다 1960년대 벨기에에서 서킷 트레이닝 등 다양한 트레이닝 기법이 개발된 것을 필두로, 유럽에서는 빠른 피지컬 트레이닝 부문의 발전이 이루어지게 되는데 상대적으로 비 유럽권은 이런 축구 트레이닝 기법 개발 및 보급에 무관심했다. 그 결과 1966년 잉글랜드 월드컵 당시, 잉글랜드를 비롯한 유럽의 독주를 남미 국가들이 막지 못하는 이변이 벌어졌고 이후 브라질을 중심으로 남미 축구 계의 트레이닝에 대한 관심이 고조, 유럽에서 활동하던 전문가들을 초빙해 본격적으로 과학적인 피지컬 트레이닝 부문의 발전 시대를 열기에 이른다.

한국의 경우, 사실상 2002년 한일 월드컵 이전까지는 피지컬 훈련에 대한 인식이 낮았다. 경기 끝나고 운동장 몇 바퀴 뛰고 그러면 그게 체력 강화 훈련 아니냐? 하는 수준이었던 것. 때문에 트레이너는 일반적으로 갓 선수생활을 정리하고 지도자 생활을 시작한 이들에게 구단이 배려차원으로 던져주던 직책 중 하나로 인식되었다. 이는 한국뿐만 아니라 일본을 비롯한 대부분의 아시아 국가들도 마찬가지의 인식이었으나, 거스 히딩크 등 외국인 감독들이 피지컬 트레이닝과 피지컬 트레이너의 중요성에 대해 강조하면서 자연스럽게 피지컬 트레이닝에 대한 관심이 환기되었다. 이후 K리그를 중심으로 브라질 피지컬 트레이너 영입이 유행처럼 퍼졌고 지금은 프로팀에는 모두 피지컬 트레이너를 보유 중에 있다.

한국 프로 축구의 경우, 공식 자격증을 보유한 최초의 피지컬 트레이너는 2000년 울산 현대 호랑이에서 활동하였던 재일교포 출신의 윤태조씨이며, 2번째로 K리그에 등장한 피지컬 트레이너가 현재도 대전 시티즌에서 활동중인 반델레이씨다. 당시 반델레이를 영입한 안양 LG 치타스의 행보에 대해 다른 팀들은 헛돈 쓰는거 아니냐는 의구심 섞인 눈초리를 보냈지만, 반델레이의 과학적 체력 훈련을 받은 안양의 어린 선수들(소위 조광래의 아이들) 들이 프로에서 날아다니자 각 팀들이 경쟁적으로 브라질 트레이너 영입 경쟁에 뛰어들게 되었다. 덕분에 현재 한국 프로축구리그에서 활동중인 브라질 피지컬 트레이너들은 대부분 억대 연봉을 받고 있으며, 이처럼 높은 대우를 해줘도 불러주는 곳이 많아서 팀을 이리저리 옮겨 다니는 경우가 많다

피지컬 트레이너는 주로 **동계훈련**에서 그 역할이 빛을 발하는데 다가오는 시즌을 앞두고 있는 체력 회복 및 강화 훈련 스케줄에서 피지컬 트레이너의 역할이 절대적이다. 피지컬 트레이너가 있는 팀과 없는 팀의 차이는 시즌을 시작해보면 확연히 드러날 정도라고 한다. 피지컬 트레이닝을 제대로 받은 팀은 시즌 중반에 접어들어도 체력적인 약화가 눈에 띄고 저조하고, 부상 위험도 그나마 덜 하다는 게 축구 계의 증언이다.

이 때문에 고가의 피지컬 트레이너를 상시 보유하기 버거운 영세 구단들의 경우, 동계 훈련 시즌에는 3~4개월의 단기계약으로라도 피지컬 트레이너를 데려오는 게 일반적이다. 역으로 동계훈련 기간을 제외하면 피지컬 트레이너가 별로 할 일이 없다는 얘기도 되지만, 시즌 중에 선수들 개개의 특성을 파악해야 더 체계적인 트레이닝 프로그램 설계가 가능하다는 점에서 피지컬 트레이너를 상시 보유하는 구단들도 많다.

선수트레이너는 체력 및 재활훈련을 어떤 것을 고려해서 이루어 져야 하나요?

1. FITNESS OF PROTECTION 방위체력

질병과 스트레스로 부터 몸을 지키는 [방위체력]

건강이나 생명을 위협하는 여러 외적인 스트레스에 대한 저항력으로 몸의 기본적인 능력을 키워야 한다.

3. CARDIOVASCULAR ENDURANCE 심폐지구력

[심폐지구력]은 전신 지구력이다

호흡기관이나 순환계가 오랜 시간 동안 계속되는 운동이나 일에도 견딜 수 있는 능력을 의미한다.

5. FLEXIBILITY 유연성

부상 예방을 위한 필수요소 [유연성]

가동성과 유연성의 이점을 이해하고, 근력과 근지구력을 향상시킬 운동법을 익혀야 한다.

7. COORDINATION 협응성

[협응성] 조화로운 움직임 이다.

신체의 신경 기관, 운동 기관, 근육이 서로 협응하며 조화롭게 움직일 수 있는 방법을 익혀야 한다.

9. AGILITY 민첩성

재빠르고 날쌘 성질 움직임 [민첩성]

신체의 움직임의 방향을 바꾸거나 위치를 빠르게 이동할 수 있는 능력이다.

11. REACTION TIME 반응 시간

인생은 타이밍이다. [반응시간]

효과적인 자극과 반응으로 결과를 만들기 위한 반응 시간을 향상 시킬 수 있는 운동법을 익힌다.

2. BODY COMPOSITION 신체조성

무게가 중요한 게 아니라 조성이 중요 [신체조성]

근육, 지방, 뼈 등으로 이루어진 신체조성과 이 비율이 중요하다 운동을 통해 조화로운 신체조성을 만든다.

4. MUSCULAR STRENGHT / MUSCULAR ENDURANCE 근력/근지구력

[근력/근지구력]은 움직임의 핵심이다

체력의 핵심은 움직임을 만들고 유지할 수 있는 근력과 근지구력을 트레이닝 하는 것이다.

6. BALANCE 평형성

모든 움직임에는 균형이 중요하다 [평형성]

삶과 일에도 균형이 중요하듯이 모든 움직임에 조화로운 균형이 중요하다. 밸런스를 트레이닝하자.

8. POWER 순발력

당신을 지킬 수 있는 힘. [순발력]

근육이 순간적으로 힘(Power)을 발휘할 수 있는 능력을 향상시킬 수 있는 운동법을 익혀야 한다.

10. SPEED 스피드

누구 보다 빠르게 [스피드]

누구보다 빠르게 움직이기 위해서는 타이밍과 스피드를 향상시킬 수 있는 운동법을 익혀야한다.

12. INTERGRATION OF MOVEMENT 통합적 움직임

움직임을 위한 몸을 만들자 [통합적 움직임]

체력요소들의 기능적 움직임을 통해 다양한 통합적 움직임을 익힙니다.

1. 체력훈련

- 전문적 선수관리 체계 관리, 정비가 필요하며, 종목별 특성과 시합 시즌에 맞춰 주기화 프로그램을 계획하고, 포지션과 신체조성에 맞추어 부족한 부분을 보강하고 부상을 예방 할 수 있는 프로그램을 제시해 주어야 한다.
- 훈련강도는 고난도 기술을 해야 하는 경우가 많기 때문에 가동성과 안전성을 키워 주어야 하며, 시즌내내 경기력 유지를 위해 비시즌에 체력의 비축을 위한 고강도 트레이닝을 미리 해주어야 한다.
- 스포츠 / 포지션 특성 (sports specific / position specific program)에 따른 훈련 프로그램을 이해하고 만들 수 있어야 한다. 같은 종목 내에서도 프로냐, 초,중,고 엘리트 체육이냐, 생활체육이냐에 따라서도 달라져야 하며, 공격수, 수비수, 투수, 야수 등 포지션에 따라서도 필요한 요소가 완전 다르기 때문에 이에 대한 이해를 잘하고 있는 것이 중요하다.

경기력의 3요소는 폭발적으로 강한 파워를 내는 것과, 목표 지점으로 빠르게 이동하는 스피드, 정확한 볼이나 신체 컨트롤이 잘 이루어 져야만 좋은 경기력을 선보일 수 이다.

연간 체력훈련의 목표는 무엇이 있을까?

- 현재의 체력상태 유지, 시즌 내 추가적인 체력 향상을 기대 하기는 어렵다.
- 재활기간 단축으로 인한 경기력 감소를 빠르게 회복시켜 필드로 복귀 시키는 것을 목표로 한다.
- 운동을 완전히 중단 했을 때 영향(detraining effect)의 감소 시키는 것을 목적으로 한다.
- 오버 트레이닝(overtraing)을 방지 하여 부상위험 감소시키는 것을 목표로 한다.
- 운동수행 및 경기력 발휘 능력 향상을 위해 적절한 체성분 및 신체조성을 만드는 것을 목표로 한다.

선수트레이닝에서 중요한 점이 무엇이 있을까?

- 웨이트 트레이닝시 일반적으로 (무게 vs 자세) 무엇이 더 중요하냐 논란이 많은데, 선수트레이닝에서는 중요한 것이 이게 이 종목에 필요한가 도움이 되는가 여부를 고려 하는 것이다. 일반적으로 역도를 제외한 대부분에 종목에서는 무거운 물건을 드는 것이 경기력과 직접적인 영향이 없기 때문에 무거운 것을 들게 하는 게 아니라 몸이 느끼는 부하를 높여 파워 증진이나 목표 체력 요소를 효과적으로 발달 시키기 위해 진동이나 EMS, 가압을 활용한 트레이닝을 하기도 한다.
- 예를 들어 만약에 100kg 를 들어서 만드는 결과와 1kg을 들고 만들 수 있는 결과가 같다면 당연히 1kg을 들고 훈련시키는 것이 부상의 위험도 적고, 장비에 대한 비용, 선수와 트레이너의 노력이 효율적으로 볼 수 있다.
- 바른 몸이 아름답다 라는 말을 하지만 선수의 몸은 그 종목에 최적화 될 수 있도록 타고난 신체적 장점과 부족한 부분을 분석하여 그에 맞춰 훈련을 하는 것이 필요하다.

- 선수트레이너는 자세유지근과 위상근에 대한 이해와 백근과 적근을 어떻게 효율적으로 트레이닝 할 지와 어떠한 종목과 선수에게 필요한지를 분별할 수 있는 지혜가 필요하다.
- 그리고 동작 별 움직임에 대한 이해가 필요하다 요즘 움직임, 움직임을 위한 가이드, 움직임 해부학 등과 같은 전공서적들이 많이 나오는 이유가 과거 단일 근육을 고립시켜서 훈련 시키던 방법보다 통합적 관점에서 움직임을 이해하고 동작 별 주동근, 길항근, 협력근 의 균형 있는 발달이 선수의 경기력 향상에 중요하기 때문에 이를 고려한 트레이닝이 필요하다.
- 또한 선수트레이닝에서 중요한 것 중 하나는 템포 훈련이다. 빠른 운동 vs 느린 운동 으로 구분할 수도 있겠지만 동일한 동작을 빠르게도 훈련해야 하고, 느리게도 실시하며, 동일한 속도로 훈련 시킬 수도 있어야 하는데 이러한 훈련들이 스포츠 상황에서 다양한 변수에 맞추어 움직일 수 있는 능력을 키워 주기 때문이다.
- 이러한 트레이닝을 위한 선수트레이닝 전문 장비들 또한 많이 개발되고 나오기 때문에 이러한 장비들에 메커니즘에 대한 기본적인 이해도 필요하며, 활용법 또한 선수트레이너가 공부해야 할 영역이다.

왜 밸런스와 코어 트레이닝과 파워 존(power zone) 훈련이 중요할까
- 코어의 기능과 밸런스 능력은 모든 움직임의 베이스가 되는 운동 능력이다. 특히 파워하우스 또는 파워존 이라고 불리는 훈련을 많이 해야 하는 이유는 힘의 분산 방지하고, 흔들리지 않는 중심이동을 할 때 파워를 내는 엔진 역할을 하기 때문이며, 신체의 발란스 유지에도 중요한 역할을 하고, 효율적 체력 소모하게 만들어 주고 모든 움직임에 시너지 효과와 연속적 힘의 전달을 위해서 트레이닝을 해주어야 하는 필수적인 훈련이다.

근신경통제능력(Neuromuscular Control)을 트레이닝 해야 한다.
- 스포츠 현장에서는 매 순간 종목별 특정 움직임에 대한 통제 능력이 필요하며, 부상 후 재활 훈련과정에서도 근신경통제능력을 회복 시키는 것이 필요하며, 기술 훈련에도 근신경통제 능력을 키워야만 경기력을 발휘 할 수 있다.

피로회복 및 컨디셔닝 관리를 해주어야 한다.
- 시합 전/후 피로 회복 및 체력 상태관리 역할과 평소 생활에서의 자세 및 식사, 수면, 심리관리 까지 담당 하는 경우가 많이 있다.

선수트레이너가 훈련 시 유념할 점은 무엇인가
- 부상 후 재활도 물론 중요하겠지만, 이보다 부상을 예방하는 것이 더 중요하다. 아무리 치료 기술이 발달 했다고 해도, 한번 부상은 시즌을 오프 하게도 하고, 팀에 성적에도 큰 영향을 미칠 수 있기 때문에 선수들의 피로 상태를 잘 파악하고, 적절한 보강 운동과, 휴식 프로그램을 구성해야 하고,
- Off-season training 프로그램과 In-season training을 계획하고 운영해야 한다.

2. 부상(Injury)의 원인이 무엇일까

선수들의 부상은 외력이 근력을 넘어 서는 경우와 지속적인 자극이 누적되어 손상과 통증의 원인이 되며 90% 이상의 원인이 바로 부적절한 훈련과 유연성 저하, 불충분한 warm-up, 근력약화, 피로 누적이 원인이며, 기능성 훈련 부족과 이로 인한 근력의 불균형이 이상적인 동작(폼)의 변화를 만들어 내고 정신적, 신체적 피로 상태가 되서 문제가 된다.

3. 예방 및 보강 운동이 필요하다.

부상예방의 핵심은 조기진단과 평가이다. 시즌 전/후에 병원에 검진 및 선수들의 체력 평가, 체형 평가, 신체조성을 기반으로 종목별, 포지션별 예방 훈련 프로그램을 개발해야 한다. 통계상 발생빈도가 많은 관절이나, 부상경력이 있던 부위의 보강훈련 프로그램을 우선순위에 놓고 구성해야만 하며, 부상예방훈련의 목적은 가동성과 안정성을 높여 선수생명 연장 및 경기력 향상을 목적으로 한다.

4. 재활 훈련시 어떠한 점을 고려해야 하나요?

손상조직의 회복 원리를 잘 이해하고 있어야 한다. 그리고 의사의 진단에 따른 훈련 (해야 할 운동/ 하지 말아야 할 운동)을 숙지하고 있어야 하며, 치료원칙 (응급처치 / 염증시 / 회복시)에 맞추어 단계별로 할 수 있는 운동과 할 수 없는 운동을 구분하여 지도해야 한다.
재활훈련의 목적은 운동중단으로 인한 전체 체력 저하를 방지 하고, 정상부위 및 심폐기능 유지와 부상부위 또한 협력근 이용으로 강도 조절을 통해 (협응력, 발란스, 근신경통제능력)을 회복 시키는 것을 목적으로 하며 종목별 훈련특성을 기반으로 강도조절 및 기술훈련까지 고려하여 재활 훈련 프로그램을 계획하고 실행 해야 한다.

5. 재활훈련의 원칙은 무엇인가요?

의사의 진단 후 실시해야 하며 통증 없는 각도에서 실시하고, 운동은 천천히 실시해야 하며, 근력수준에 따른 감각 훈련 실시하고, 필드로에 복귀하기 위해서는 전력질주 및 점프 같은 동작까지 가능 해야 한다.
필드 복귀 후에도 훈련시간과 강도 조절을 준수 해야하며 자신의 힘으로 수행가능 하고, 동작은 각 방향 모두 실시해 주어야 한다. 또한 재부상의 위험 경고 싸인을 인지(부종, 통증, 관절각도, 근력)하고, 완전가동범위(Full ROM)를 회복한 후에 저항운동 및 기능적 움직임 패턴훈련을 실시해야 한다.
운동은 천천히 시작해서 속도를 높이고, 단순하고 쉬운 동작부터 복잡하고 어려운 동작으로 반복하며 근, 신경 제어능력을 재설정 해야 한다. 또한 과부하, 과로에 유의 하며 통증이 가라앉기 시작하면 잡아주면서 운동을 실시하고, 수시로 현재의 재활훈련 상태를 재평가하여 훈련단계, 수준을 조정(훈련강도를 높게 혹은 낮게) 해야만 한다. 성공적인 필드 복귀를 위해서는 재활훈련의 차례와 단계를 지켜야 한다.

선수트레이너의 일과와 고충이 무엇이 있나요?

새벽까지 일하는 경우도 부지기수

트레이너들의 일과는 선수들과 거의 같다. 아니, 어떻게 보면 선수보다 더 일찍 시작한다고 볼 수도 있다. 우선 선수들의 훈련이 시작되기에 앞서 그들의 훈련을 준비해야 한다. 선수들의 테이핑, 스트레칭, 기타 준비운동 등을 맡는다.
그 이후 오전 훈련을 같이하면서 부상 선수가 나오는지 지켜본다. 점심시간에도 쉴 틈이 없다. 막간을 이용해 선수들을 마사지, 치료하기도 하고, 오후에 본격적인 훈련을 위한 선수들의 테이핑을 하기도 한다. 오후 훈련도 마찬가지. 일부 팀들은 훈련 끝나기 전 보강운동을 하는 팀들도 있어 여기에도 관여한다.
야간 훈련에도 트레이너의 분주한 일과는 계속된다. 부상자 발생 여부를 확인하고, 훈련 뒤에도 치료와 재활이 빠지지 않는다. 부상에 대한 레포트 작성도 그들의 일과 중 하나다.
이렇게 트레이너의 일과는 보통 빠르면 11시 전후에 끝난다. 가끔은 새벽 늦게까지 일할 때도 있다.

개인 시간이 없다는 것이 고충

트레이너들의 일과는 무척 빠듯하다. 트레이너들이 느끼는 가장 큰 고충도 바로 여기에 있다. '일상'이 없다는 것. 가족들 보기도 힘들다. 특히 유부남이나 자녀가 있는 경우는 더더욱 그렇다. 트레이너들이 "가족들에게 미안하다"고 입을 모은 이유다.

트레이너의 역할은 '선수와 코칭스태프의 가교 역할'이. 그런데 선수와 트레이너, 혹은 코칭스태프와의 의견이 안 맞는 경우도 곧잘 있다. 예를 들면 트레이너 입장에서는 선수가 좀 더 쉬어야 할 것 같은데, 코칭스태프는 출전을 시키려는 경우다. 이럴 때 트레이너 입장에서는 참 힘들다. 양 쪽 입장을 다 만족 시키는 것이 쉽지 않다. 여기에 또 다른 고충은 선수들의 심리적인 부분과 연관되어 있었다. 그래도 이런 고충들이 있음에도 트레이너로서 자랑스러울 때가 바로 자기가 가르치고 훈련시킨 선수가 커가는 모습을 볼 때다. 혹은 승리의 주역이 될 때도 보람을 느낀다. 우리 팀 선수가 꾸준히 오래 활동해서 높은 연봉을 받는 게 가장 좋다.
하지만 아직도 트레이너들이 허드렛일 하는 사람들로 아는 사람들이 있지만, 최근 인식이 바뀌고 있다. 그만큼 힘든 일을 하면서도 트레이너에 대한 인식도 서서히 변하고 있는 것이다 이처럼 보람을 스스로 찾는 것이 필요하다.

또한 고충 중 하나가 채용공고가 확실하지 않고, 홍보도 잘 되지 않는 탓에 채용이 인맥에 의해 이뤄지는 경우가 많다는 것이다. 또한, 자격증 관련한 비용도 만만치 않은 편이며, 이러한 점은 현재 트레이너를 준비하는 사람들에게는 어려운 부분이라 할 수 있다.

선수 트레이닝을 할 때 남·녀 선수의 차이가 무엇이 있나요?

우선 가장 크게 드러나는 부분은 바로 관리의 차이였다. 여자 선수들이 남자 선수들보다 좀 더 세심한 관리가 필요하다는 의견이 많다.

세심한 관리가 필요한 큰 이유는 바로 근력의 차이다. 여자 선수의 근력 및 순발력은 일반적으로 남자 선수에 비해 60~70% 정도다. 그만큼 근력 형성과정이 느린 반면, 장기간 훈련을 안 할 경우 근 손실은 더 빠르다. 때문에 비 활동 기간 동안 근력, 순발력, 전신지구력을 상실하지 않도록 관리하는 것이 필요하다. 또한 심리적인 부분에서도 다르다는 의견도 많았다. 여자 선수들은 좀 더 세심하게 접근해야 한다는 것. 여자 선수들은 1달에 한 번씩 생리기간이 있고, 그에 따른 호르몬 변화가 있기 때문에 심리, 감성적인 면을 잘 체크해야 한다는 것이다. 그리고 보호받거나 관심 받고 싶어 하는 성격을 가진 선수들도 있어 더 자주 체크하는 경우도 있다고 한다.

신체적인 특징이 드러나는 부분도 적지 않다. 대표적인 차이가 바로 무게중심에서 나타난다고 한다. 남자 선수들은 넓은 어깨와 역삼각형 골격에 의해 무게중심이 여자보다 높게 존재한다. 이 때문에 남자 선수들이 달릴 때에는 상체가 앞으로 쉽게 기울어지면서 역동적이며 파워풀한 모습을 연출한다. 반면, 여자 선수들은 넓은 골반에 의해 무게중심이 낮다. 때문에 이들이 달릴 때에는 다소 뒤에서 누군가가 잡아당기는 듯이 달리는 모습을 볼 수 있다"고 설명했다.

이런 신체적인 특징 때문에 남자 선수와 여자 선수가 잘 당하는 부상 부위도 조금 다르다.

"여자 선수들은 무릎 십자인대 부상을 잘 당한다. 여성은 남성에 비해 골반이 크기 때문에 무릎이 안쪽으로 꺾일 가능성이 크다. 논문 통계에 따르면 여자 농구 선수들의 전방십자인대 부상 확률이 높다고 나온다. 트레이너들은 여자 선수들의 부상을 방지하기 위해 하체(무릎) 훈련을 강도 높게 진행 한다"

반면 남자 선수들은 여자 선수들보다 유연성이 떨어진다고 한다. 유연성이 떨어질 경우. 근육 파열과 같은 부상의 위험이 있다. 정 트레이너는 "유연성이 부족하면 그만큼 부상 위험도 커진다. 그래서 남자 선수들은 몸을 부드럽게 해서 부상 위험을 낮추고, 운동 효과를 극대화 하는 훈련을 한다"

남자 선수들을 관리할 때 가장 힘든 점 중 하나로 '고집'을 이다. 선수들은 종목별로 차이는 있겠지만 경쟁을 하기 때문에 특성상, 몸싸움도 많고 직접적인 접촉이 많다 보니, 선수들이 자기 의지대로 하려고 하는 부분이 있다는 것이다.

해외 AT 단체는 무엇이 있나요?

- 미국: National Athletic Trainers' Association
  (https://www.nata.org/)

- 미국: World Federation of Athletic Training & Therapy
  (https://www.wfatt.org/)

- 영국: British Association of Sport Rehabilitators and Trainers
  (https://www.basrat.org/)

- 캐나다: Canadian Athletic Therapists' Association
  (https://athletictherapy.org/en/)

- 남아프리카: Biokinetics Association of South Africa
  (https://www.biokineticssa.org.za/)

- 아일랜드: Athletic Rehabilitation Therapy
  (https://arti.info/)

- 이탈리아: Federazione Italiana Fisioterapista
  (https://fisioterapia.org/)

- 일본: Japan Athletic Trainers' Organization
  (https://www.jato-trainer.org/)

해외 AT 학술지는 어디가 있나요?

- Journal of Athletic Training
  (http://natajournals.org/)

- Athletic Training Education Journal
  (http://natajournals.org/)

- Journal of Sport Rehabilitation
  (https://journals.humankinetics.com/journal/jsr)

- International Journal of Athletic Training and Therapy
  (https://journals.humankinetics.com/journal/ijatt)

- Journal of Athletic Training and Sports Health Care
  (https://www.healio.com/orthopedics/journals/atshc)

선수트레이너가 봐야 하는 책이 무엇인가요?

『운동손상학』은 손상 예방과 평가, 관리 그리고 재활과 관련된 일반적인 기초개념에서 고급개념까지 방대한 정보를 수록하였다. 선수 관리와 스포츠 의학의 과학적이고 임상적인 기초에 관련된 과정에 있는 운동사에게 꼭 필요한 교재다. 이 책을 학습하는 동안 점차 선수관리의 전문성을 갖추기 시작할 것이며, 운동사, 물리치료사 그리고 신체적으로 활동적인 개인을 포함하는 다른 건강관리 전문가들 또한 이 책의 가치를 발견할 것이다.

도수의학에서 필요한 해부학적 지식은 인체를 삼차원적인 이미지로 파악하는 것이다. 검사자의 머릿속에 신체의 구석구석까지 입체적인 이미지를 구축하는 것이 촉진, 근력테스트와 같은 조작법을 하기 위한 열쇠가 된다. 그리고 이것들을 시행할 때, 환자의 신체 근육의 해부학적인 이미지를 겹치는 것이 중요하다. 방법만 숙지하고 테스트를 시행하는 경우 정밀도가 현저하게 낮아진다. 이를 위하여 이 책에서는 가능한 한 많은 사진과 더욱이 사진 위에 뼈와 근육을 투과시켜 보이도록 표현하였다. 이 책은 인체의 내부 구조를 용이하게 이미지화할 수 있도록 큰 도움을 준다.

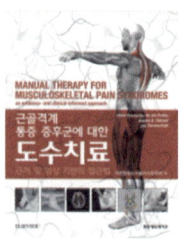

『근골격계 통증 증후군에 대한 도수치료』의 제목인 '근골격계 통증 증후군에 대한 도수치료: 근거 및 임상 기반의 접근법'에서도 알 수 있듯이 책에 내용은 해당 주제에 대해 최근까지 발간된 최고의 연구 자료들과 오랜 시간 경험을 통해 알아낸 임상의 노하우를 접목한 최신의 근거에 기초하여 내용을 구성한 책이다.

이 책은 선수트레이너를 위한 감별진단 가이드를 다룬 도서이다. 감별진단 가이드의 기초적이고 전반적인 내용을 학습할 수 있도록 구성된 책이다.

『트레이닝 혁명』은 전설적인 코치인 마크 벌스티겐의 다음과 같은 철학과 방법들을 서술해 놓았다. 터프하지만 따르기 쉬운 운동들을 제시하였으며 각 움직임을 정확히 수행할 수 있도록 동작들을 단계별 사진들로 제시한다. 또한 더 효율적으로 움직일 수 있는 팁들과 동시에 잠재적인 부상 발생 가능성을 줄이는 법과 사고방식, 영양, 움직임, 그리고 회복에 대한 혁신과 활성화 방법을 알려 준다.

『과학으로 풀어낸 건강한 신체만들기』는 당신이 운동에 대해 생각하고 알고 있던 모든 것에 의문을 던진다. 과학적으로 운동이 건강에 미치는 영향 그리고 단일세포까지 아우르는 몸의 깊숙한 부분까지 당신을 데려갈 것이다. 운동과학자 더그 맥거프(Doug McGuff, M.D.)와 웨이트 트레이닝 권위자인 존 리틀(John Little)이 고강도 운동의 긍정적 효과, 저반복 웨이트 트레이닝, 전통적인 유산소 운동의 부정적 효과를 포함한 혁신적이고 새로운 운동양식을 충분한 연구를 기반으로 한 의학적인 도표, 단계별 사진들과 함께 제시한다.

이 책은 수천 명의 지구력 종목 선수들을 한 차원 높은 수준으로 끌어올린 매우 효과적인 트레이닝 시스템에 대한 것이다. 크로스핏 엔듀런스의 창시자인 브라이언 맥켄지가 개발했으며, 세계 제일의 지구력 및 크로스핏 코치들의 인스트럭션을 다루고 있다. 『파워, 스피드 그리고 지구력』은 부상의 위험을 줄이면서 퍼포먼스와 전반적인 운동 능력을 최적화시키는 기술과 훈련 및 트레이닝 전략을 독자들에게 공개한다.

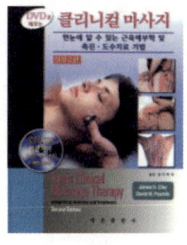

클리니컬 마사지에 대해 소개하는 『DVD로 배우는 클리니컬 마사지』. 클리니컬 마사지 치료의 기본 기법을 잘 설명하고 있다. 근육 해부학뿐 아니라, 촉진·도수치료 기법을 소개한다. 특히 550여 점의 그림을 통해 클리니컬 마사지에 대해 배울 때 필수적인 개별 근육 등에 대해서 생생하게 보여주고 있다.

『PNF 컨셉의 혁신』은 기본적인 PNF 패턴은 물론, 스프린터/스케이터 패턴을 잘 설명한다. 저자는 스프린터/스케이터 패턴을 통해 환자의 신체 좌우를 균형적으로 발달시킬 수 있다고 한다. 저자는 이 책에서 3가지 사례를 들어 스프린터/스케이터 개념을 이용한 치료 기록지를 제시한다.

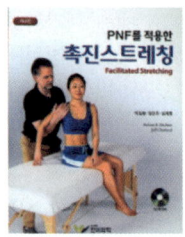

이 책은 PNF를 적용한 촉진스트레칭을 소개한다. 스트레칭의 많은 기술 중 촉진 스트레칭에 대해 이야기한다. 촉진 스트레칭은 운동치료인 고유수용성 신경근 촉진법의 원리를 기본으로 하는 능동 보조적 스트레칭 기술이다. PNF 스트레칭 기술은 병원뿐만 아니라 스포츠 쪽에서도 유연성 증가, 신경근의 촉진과 근력증가를 위해 중점적으로 이용하고 있다.

키네지오 테이핑에 관한 최신 기법을 총정리한 수준 높은 책의 특징은 테이핑의 목적을 크게 해당 근육을 촉진시키기 위한 기법과 근이완을 시키기 위한 방법을 체계적으로 제시하였고, 그 효과를 평가하기 위한 근육 검사방법을 함께 제공했다는 점이 매우 긍정적인 평가를 받을 수 있을 것이다. 먼저 각 근육의 해부학적 특성을 제공하고, 근육의 길이와 근력 상태를 과학적인 방법으로 평가한 후 적절한 근길이를 늘리기 위한 기법과 근력을 촉진하기 위한 기법을 함께 제공함으로써 임상가들이 편리하게 적용할 수 있도록 해 주었다.

동작 분석은 임상현장에서 빼놓을 수 없는 중요한 평가법
환자의 동작 수행 능력을 조사하는 동작 분석은 임상 현장들로 구성되어 있으며 빼놓을 수 없는 중요한 평가법이지만 「어디를 보는지」, 「어떻게 해석 할 것인지」, 「어떻게 치료 계획을 짤 것인지」 등. 사람의 기본 동작인 「뒤침」, 「기상」, 「일어남 · 앉음」, 「보행」을 기재, 사진과 일러스트를 풍부하게 사용하여 동작 메커니즘을 자세히 설명하고, 분석에서 얻은 정보를 바탕으로 동작 장애 요인을 탐구하는 방법과 임상 추론에 대해서도 기술하고 있다.

물리치료학 전문서 개정5판. 이 책은 통증치료 전 근육 기능의 검사와 자세와 통증과의 관계, 통증 상황 등에 관한 내용을 담았다. 사진과 일러스트를 이용해 진단 시 도움이 될 수 있도록 구성했다.

고급 연부조직 치료기법『자세이완기법』. 자세조절을 통한 자발적 이완기법에 해당하는 다양한 주요 치료법을 다루고, 단계적으로 학습할 수 있게 하였다. 근에너지기법 등 기타 수기요법과 통합적으로 적용하도록 하고, 근육 문제와 관절 문제를 포괄적으로 다룬다. 또 급성질환과 만성질환에 대한 안전하고 효과적인 적용법을 제시했다.

프리햅(PreHab)은 예방(Preventive)과 재활(Rehabilitation)의 합성어로 해석하자면 사전재활을 의미하며, Prehab Exercises는 예방운동이라는 의미로 부상 방지와 최상의 퍼포먼스에 초점을 맞춰 고안되었고 활용되고 있다.『프리햅 운동』은 전문 운동선수뿐만 아니라 일반인의 달리기 및 퍼포먼스를 향상시켜주는 운동기법들이 수록되어 있다. 또한 가동성, 안정성을 포함한 인간의 유기적 움직임과 신체 정렬을 이해하게 될 것이다.

이 책은 운동생리학 원리를 되새겨 보거나 자신의 트레이닝에 곧바로 적용할 수 있는 새로운 것들을 배우도록 해주는 쉽고 간단한 방법을 제공한다. 또한 트레이닝 프로그램을 개선하거나 설계하는데 또는 규칙적인 신체활동에 대해 반응하고 적응하는 신체 능력에 관해 다른 사람들을 교육하는 데에도 큰 도움이 될 것이다. 운동과학에 대한 기초지식이 거의 없는 독자들이라도 스포츠 과학에 대한 탐구를 시작할 수 있도록 해주고, 또한 운동생리학 강좌를 수강한 경험이 있다면 인체의 생리학, 대사, 영양과 관련된 기본적인 개념과 실제적인 적용에 대한 자신의 기억을 빠르게 되살려 줄 것이다.

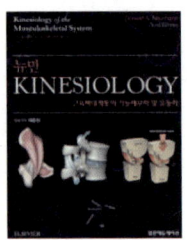

뉴만 kinesiology: 근육뼈대계통의 기능해부학 및 운동학을 위해 만들어진 그림들은 이런 마음 속 전환을 돕기 위해 제시해 기계적으로 암기할 필요 없이 역학적 분석에 근거한 추론을 가능하게 해주기 때문에, 임상가와 학생들이 근육뼈대계통의 기능이상과 관계된 적절한 평가, 진단, 그리고 치료를 개발하는 데 도움이 될 것이다.

운동을 치료 수단으로 사용한다는 개념은 전혀 새로운 것이 아니다. 19세기 초에도 이미 좌식생활 습관을 치료하기 위해 구성된 운동을 단체운동의 형식으로 시행했었다. 20세기가 되어서 Eustace Miles와 Eugene Sandow의 선구적인 연구로 인해 많은 뛰어난 생리학자들과 의사들이 운동을 치료 수단으로 사용하는 것에 흥미를 갖게 되었다. 당시에는 인체계측 수단(anthropometric measurement)이 널리 사용되었었기 때문에 운동영역에 평가체계(evaluation protocol)를 제공하였다.

이 책은 교정운동학에 대해 다룬 이론서이다. 교정운동학의 기초적이고 전반적인 내용을 학습할 수 있도록 구성했다. 교정운동학 책은 교정운동 트레이닝의 개요, 인체 움직임 기능장애의 평가 교정운동연속체, 발과 발목장애를 위한 교정 전략, 무릎장애를 위한 교정운동 전략, 허리-골반-엉덩이 복합체 장애를 위한 교정 전략, 어깨, 팔꿈치, 그리고 손목 장애를 위한 교정 전략, 목뼈장애를 위한 교정 전략 등이 나와 있다.

『고관절과 어깨관절에서 발생하는 기능부전에 대한 교정운동 솔루션』은 피트니스 전문가/임상가가 고관절과 어깨관절에서 흔히 발생하는 움직임 기능부전을 개선하기 위해 호흡, 중심화, 그리고 통합이라는 3가지 인간 움직임 원리를 어떻게 적용할 수 있는지를 이야기하고 있다. 더불어 이에 대한 세부적인 진단, 교정 전략, 그리고 기능적 운동 진행단계를 이해하기 쉬운 그림들을 덧붙여 설명한다.

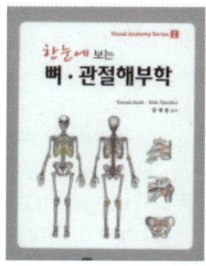 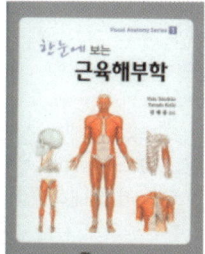 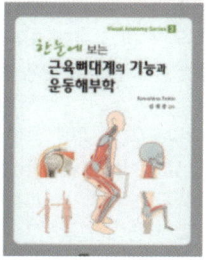 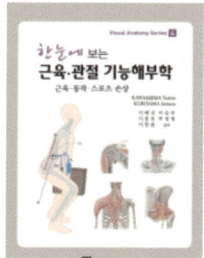

이 4권의 시리즈 책은 뼈 관절해부학, 근육해부학, 근육뼈대계의 기능과 운동해부학에 대해 다룬 이론서이다. 그리고 『근육 관절 기능해부학』에서는 일상에서 자주 취하는 동작, 보행, 주행, 그리고 스포츠의 기본적인 동작인 도약 동작, 투구 동작, 차는 동작 등에 관하여 설명하였다. 또한 대표적인 스포츠 종목의 경기 특성과 발생하기 쉬운 스포츠 손상, 재활에 대해서도 설명하였다. 동작 분석에서는 전문적인 용어와 정의 등이 많아 이해하기 어려울 수 있는데, 최대한 평이한 단어를 사용하였고, 일러스트를 많이 활용하여 시각적으로 이해할 수 있도록 하였다.

이 책은 각종 스포츠에서 발생할 수 있는 부상의 원인, 증상을 알려주고, 더 나아가 치료, 회복 및 예방에 대한 최상의 해결책을 소개하고 있다. 또한 염좌와 좌상에서부터 골절에 이르기까지 부상 위험을 줄이는 데 필요한 정보와 재활 및 치료 방법이 모두 수록되어 있다. 가벼운 부상에서부터 골절까지 부상과 예방에 필요한 최신 정보 수록했으며, 가장 흔하게 발생하는 운동 부상에 관한 증상, 원인, 치료, 재활, 예방 정보 제공한다.

『스포츠 재활총론』은 최신 정보로 재구성해 발간한 도서로 스포츠상해의 재활에 관한 최신 기술을 강조하였고 선수트레이너들이 재활프로그램의 전체 그림을 볼 수 있도록 해주는 포괄적인 참조를 위한 안내서가 될 것이다.

선수트레이너는 연봉 및 근무여건이 어떻게 되나요?

AT 가 되어 선수트레이너가 받는 초봉은 연봉 기준으로 초년생 기준 팀 평균 2,000~3,500만원 안팎이다. 프로팀의 경우가 성적 등에 따른 인센티브는 구단마다. 종목마다 격차가 크기 때문에 1년 총 수입이 얼마가 된다는 정확하게 계산할 수는 없다.

현재 국내 구기 종목은 대부분의 종목에 정식 트레이너가 있지만. 실업팀. 대학팀 등의 아마추어 또는 학교 팀에는 거의 없다. 이런 곳들이 선수트레이너에 대한 추가 수요가 창출될 수 있는 잠재적 시장이지만 아직 까지는 자리가 있다 한들 연봉이 상대적으로 매우 적으며 월급 150-200 전/후이며, 재정적으로 지원이 열악하기 때문에 인센티브 같은 경우도 기대하기 어렵고 근무여건 또한 프로팀에 비해 전용 훈련장이나, 숙소도 없는 경우가 많고, 비정규직의 계약직이거나 파트 타임으로 운영 대는 경우가 대다수 이다.

또는 병원, 스포츠 센터 등에서도 선수트레이너에 대한 수요가 증가하고 있어 스포츠의학센터, 스포츠과학센터, 운동과학센터 등의 이름으로 운영되는 곳 들이 있으며 센터 및 병원 평균 0~2,000만원 ('0' 오타 아님. 무보수란 뜻)이며, 실습생, 인턴, 계약직, 정규직으로 구분 될 수 있으며 선수트레이너 자격증 보단 건강운동관리사가 신설되면서 병원에서는 필수 자격증이 되었고, 선수트레이닝 센터에서는 필수 요구 사항은 아니다. 경력직에 경우 병원에서는 최하 8년 이상 경력자 기준 : 팀 평균 3,500 이상~ 정도 되고, 센터 및 병원 평균 3,500 이상~ 되지만 의료인이 아니기 때문에 한계성이 분명하다. 하지만 직업의 희소성이 높고 앞으로의 수요는 점점 커지고 있기 때문에 전망은 밝은 편이며, 프로구단에 경우 연봉 7천만원을 받기도 하며, 인센티브까지 합치면 억대 연봉도 가능은 하다. 선수트레이너를 하시는 선배님들 중에서는 한 팀에서 10년 이상 계시는 분들도 있고, 그만큼 당연히 연봉도 굉장히 높게 받으시지만 대부분의 선수트레이너의 경우 제한적인 환경에서 일하게 되는데 팀의 경기력이 좋지 않아 스텝이 교체될 때 같이 갑작스러운 해고 통지를 받기도 하고, 구단의 재정적인 문제로 인해 더 이상 급여를 주며 일할 수 없을 때 역시 해고 통보를 받는다.

대부분 정직원이 없이 계약직이기 때문에 1~2년 주기로 다른 팀을 찾아보거나 이직을 해야 하는 경우도 많고, 이팀. 저팀 돌아다니며 일주일, 한달 단위 또는 단기 해외 시합일정 파견을 다니는 경우도 수두룩 하다. 그 정도로 아직 고용 시장 자체가 굉장히 어려운 것도 현실이다.

선수트레이너의 하루 일과는 어떻게 되나요?

보통 시즌의 일정은 이렇게 구성된다.

오전	5시	기상
	6시 30분	새벽 훈련 : 워밍업, 웨이트 트레이닝 지도
	8시	아침식사
	9시~10시	부상 선수 관리 : 마사지 및 스트레칭, 찜질 등..
	10시~12시	오전 기술 훈련 : 선수 부상 체크 및 부상 선수 보강운동 진행
오후	12시30분	점심 식사
	2시	부상 선수 관리 및 병원 진료 동행
	3시 30분 ~5시 30분	오후 전술 훈련 : 부상 선수 보강 운동 및 훈련 보조
	7시	저녁 식사
	8시~9시30분	선수 전체 보강운동 : 복근, 코어, 민첩성, 순발력, 파워 훈련
	9시 30분 ~10시 30분	선수 피로회복 : 마사지, 찜질, 스트레칭 등
	10시 30분 ~11시	일지 작성 : 선수관련 (훈련, 부상, 병원진료, 컨디션 등)
	11시	퇴근
자정	12시	취침

이런 일정을 소화 해야 하는데 보통 시즌 시합이 많은 경우 대회 참가후 1~2일 정도 선수들은 휴식을 취하지만 선수트레이너의 경우 다음 경기를 위해 컨디셔닝을 해주어야 하기 때문에 휴식을 취하기 어려운 경우가 많고 자정을 넘어서 까지 선수들을 케어 하는 경우가 많이 있다.

대부분의 팀에 선수 인원에 비해 선수트레이너가 부족하기 때문에 과중한 업무를 소화 할 수밖에 없는 점은 안타까운 현실이지만 이런 일정을 소화하기 위해 개인의 체력 관리 또한 틈틈이 해야 할 필요성이 있다.

선수트레이너의 필수품은 무엇이 있나요?

선수트레이너가 항상 챙겨야 하는 첫번째 필수품은 바로 AT Bag 이다.

AT Bag은 다양한 용도에 따라 캐리어형과 백팩, 크로스백, 힙색 등 다양하게 있지만 필수적으로 챙겨야 하는 용품들이 있다. 처음 AT가 되면 이 가방 안에 무엇을 챙겨야 할지도 따로 배운 적이 없기 때문에 제대로 준비하지 못해 해매던 기억이 떠오른다. 전쟁에 나가는 군인이 군장을 챙기듯이 이제 AT로서 어떠한 물품들을 챙겨야 하는 필수품 인지 알아 보도록 하겠다.

가방 안에는 상비약과 부상 관리 및 컨디셔닝 용품들로 채워 지게 된다.
상비약 에는 소염제(이부프로펜), 에니펜(아스피린), 애드빌(진통제), 타이레놀(진통제), 엑소페린(근이완제), 리리카 캡슐(신경진통제), 오라비텐(비타민), 소독약(포비돈, 과산화수소), 소독솜, 메디폼, 반창고, 일반밴드, 방수밴드, 드레싱 밴드, 바이오프리즈, 코반, 약통 등이 준비되어야 하고 부상 관리를 위해서는 아이스 봉지, 아이스 랩, 에틸클로라이드(냉각 스프레이), 체온계, C테이프, 언더랩, 키네지오 테이핑, 테이핑 가위, 핀셋, 손톱깎기, 거즈붕대, 알콜스왑 등이 있다.

두번째 필수품은 컨디셔닝 용품 이다.

AT 의 업무 중에 항상 함께하는 두번째 필수품은 바로 마사지 베드 이다. 여기서 선수들 스트레칭도 시키고, 마사지도하고, 테이핑도 감아주고, 아이싱도 해주기 때문에 전지훈련이나, 시합장에 갈 때도 필수 적으로 챙겨서 다녀야만 한다.
그래서 너무 무겁지도 않고 이동이 용이한 접이식을 많이 사용 한다.
베드를 반으로 접어 케리어백에 담아서 한쪽 어깨에 주로 매고 다니지만, 개인적으로는 별도 옵션이지만 바퀴가 달려 있는 케리어 백을 추천 한다. AT 가방 뿐만 아니라 별도로 챙겨야 하는 짐이 많고 여러 명에 AT가 함께 근무 한다면 나눠서 들면 되겠지만 주로 혼자인 경우가 많고, 스탭이 별도로 존재하지 않는 경우가 많기 때문에 최대한 이동이 용이해야 AT의 업무 효율이 높아질 것이다.
이외에도 다리 베개, 가슴 배게 등을 준비한다면 베드 없이 매트 위에서도 효율적으로 선수의 컨디션을 관리 해줄 수 있다.

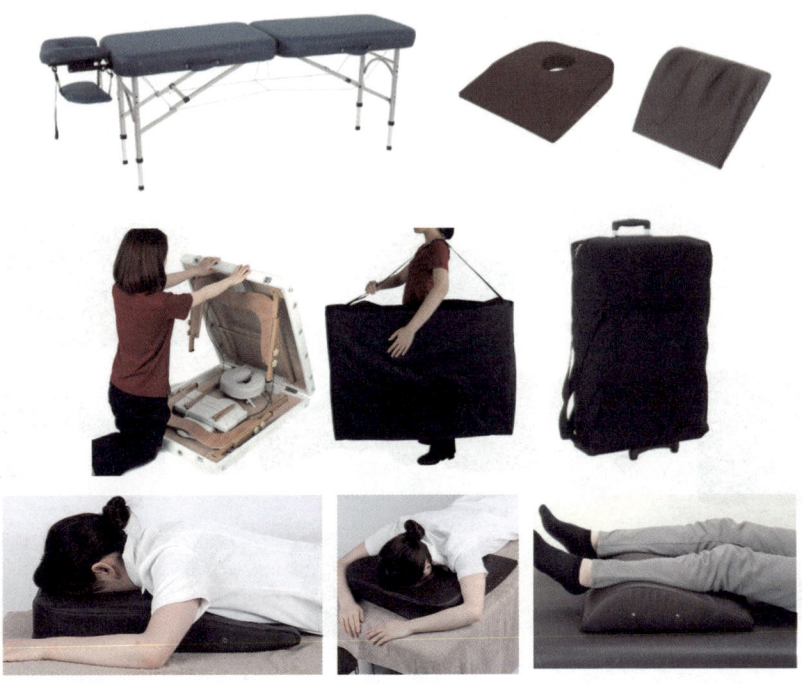

세번째 필수품은 소도구 이다.

AT는 혼자서 수많은 선수를 관리 해야 되기 때문에 소도구를 활용해서 업무 효율을 200% 높여 주어야 AT의 피로도를 낮추어 더 많은 선수들을 효과적으로 관리해 줄 수 있다.

AT의 손이 되어 주는 기본 아이템은 바로 마사지 볼과 마사지 스틱, 폼롤러 근막이완 도구가 있다. 손을 가지고도 대부분 할 수 있겠지만 선수에 부상보다 AT의 손가락과 손목 피로 누적으로 인한 부상으로 AT를 그만 두는 경우도 많다. 그렇기 때문에 적절한 도구를 활용 할 수 있어야 하는데 요즘은 마사지볼도 5단계로 강도별로 나오기도 하고, 안에 모터가 들어있어 진동이 되는 진동볼(스피어), 진동 땅콩볼(엑티브볼) 등이 출시 되어 현장에서 업무 부담을 줄여 주고 있고, 기존 폼롤러도 발전하여 진동 폼롤러(더바이퍼2.0) 등이 현장에서 많이들 활용 되고 있다. 이외에도 마사지 스틱드 수십종류의 브랜드가 있고, 길이, 강도 등이 모두 다르기 때문에 적절한 도구를 준비 하는것도 중요한 요소가 되고 있다.

또한 진동 마사지건(하이퍼볼트) 나 선수들 부상관리 및 재활에 용이한 진동과 힛팅 기능이 들어간(베놈), 부분형 EMS 장비 등이 현장에서 많이 활용되고 있으며, 얼음 봉지 만들기도 AT의 업무 중 고단한 부분중 하난데 이러한 부분을 많이 덜어 주게 된 아이싱 전용 보호대 또한 현장에서 많이 활용 되고, 이외에도 기초 재활 운동과 근력운동을 위한 세라밴드, 루프 밴드 등도 있다.

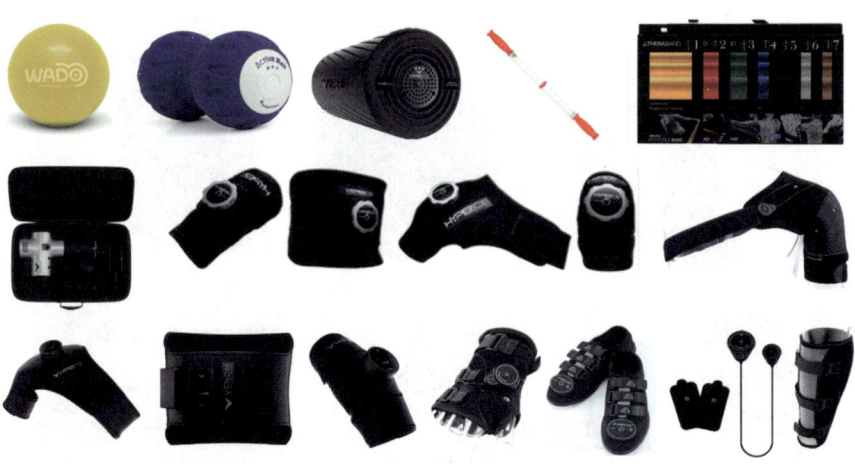

네번째 필수품은 보호대 이다.

선수들이 개인용 보호대를 가지고 다니는 경우도 물론 있지만, 언제 어느 상황에서 부상이 발생할지 모르기 때문에 각종 관절별, 부위별 보호대를 챙겨 다니는 것 또한 필수품 중 하나 이다.

약국에서 파는 일반 보호대도 물론 사용은 가능하지만 목적성이 다르기 때문에 선수들을 위해서는 선수에 퍼포먼스에 방해가 되지 않고, 통증을 줄여주고, 경기에 참여 할 수 있게 특수 제작된 전문 보호구 들이 많이 출시 되고 있다.

특히 선수에게 적용할 제품을 선정할 때는 얼마나 잘 보호해 줄 수 있는지. 착용감은 편안한지, 미끄럼 방지 처리가 잘되어 있어 운동 중간에 흘러내리거나 하지는 않는지, 통풍은 잘되어 장시간 착용이 용이한지, 예민한 피부를 가진 경우 소재의 문제는 없는지 등을 체크 하는 것이 필요하며, 운동으로 발생하는 다양한 충격을 완화 시켜 줄 수 있는 제품으로 선정 하는 것이 필요하다.

이외에도 아이스 박스 몇 각종 트레이닝 용품 및 재고 관리 비품 관리 선수 관리 뿐만 아니라 이러한 간접적인 업무 또한 능숙하게 처리할 수 있어야 한다.

선수트레이너는 얼마나 준비를 많이 했느냐가 곧 현장에서 실력을 발휘 할 수 있는지를 결정한다. 관련 공부도 꾸준히 열심히 해야 하고, 이러한 필수품들에 대한 준비도 철저히 하시기 바란다.

선수트레이닝에서 회복 및 영양 섭취의 중요성

훈련을 통해 얻을 수 있는 가장 큰 효과는 인체의 '적응(adaptation)'입니다. 적응을 한다는 것은 인체가 새로운 자극에 대한 스트레스를 이겨내고 더 효율적으로 변화한다는 것을 의미합니다. 우리는 훈련을 할 때 이러한 적응을 극대화하기 위해 과부하 및 점진성의 원리를 기초로 해서 선수 개인에게 적합한 훈련 프로그램을 설계하고 적용합니다. 선수에게 적응은 운동수행력의 향상, 더 나아가 최상의 경기력 발휘를 가져오게 합니다. 이러한 사실은 그동안 많은 운동생리학, 운동생화학, 그리고 분자생물학 연구 등을 통해 증명되어 왔습니다.

훈련에 의한 적응을 잘 이루기 위해서는 회복이 중요합니다. 훈련은 우리 인체의 항상성(homeostasis)에 혼란을 주는 행위입니다. 항상성은 우리 인체가 가진 내부 환경을 일정하게 유지하려는 성질입니다. 운동으로 인해 흐트러진 항상성을 다시 되돌리는 것이 바로 회복입니다. 훈련 이후 낮아져 있는 신체의 상태를 회복을 통해 다시 끌어올리거나 이전보다 훨씬 더 강화 시켜 다음의 훈련을 준비하는 것입니다. 아무리 좋은 훈련 프로그램이라고 할지라도 그 이후에 따르는 회복이 적절하지 않거나 충분하지 않다면 우리가 바라는 효과를 기대하기는 매우 어렵습니다. 오히려 선수의 컨디션 저하와 함께 잦은 부상, 그리고 길고 긴 슬럼프를 가지고 올 수 있게 하는 잠재적인 요인이 됩니다. 컨디셔닝 과학에서 주의하고 있는 선수의 '과훈련 증후군(overtraining syndrome)'의 시작이 바로 훈련 후 회복을 사소하게 여기는 인식 및 태도입니다. 이러한 위험성에도 불구하고 아직까지 선수와 지도자는 훈련의 중요성에 대해서는 잘 이해하고 있지만 회복에 대해서는 간과하고 있는 경우가 많습니다. 회복의 유무가 단기간에는 크게 영향을 주진 않겠지만 우리는 한 번의 훈련만을 하지 않기 때문에 회복의 소홀함이 누적 되어 나타나는 부정적인 영향에 대해서 고려해야 합니다.

그럼 회복에서는 무엇이 중요할까요? 회복을 위해서 중요한 요소는 아주 많지만 대표적으로 크게 두 가지입니다. 바로 영양 섭취와 수면입니다. 이 두 가지는 아무리 강조해도 지나치지 않습니다. 이 두 가지만 규칙적으로 잘한다면 이미 선수에게 충분한 회복 프로그램이 실행되고 있는 것입니다. 실제로, 프랑스 프로축구팀의 회복 담당자들을 대상으로 진행된 '최적의 회복 전략이라고 생각되는 것은?'과 같은 주제의 설문조사에서 영양 섭취(97%)와 수면(95%)이 가장 높은 비율로 응답되었고, 현재 잉글랜드 프리미어리그 맨체스터 시티의 조셉 가르디올라 감독이 선수들에게 경기가 끝난 직후 반드시 식사를 마친 뒤 퇴근을 하도록 하는 규율을 제시한 일화는 잘 알려져 있습니다.

최적의 회복을 위해서는 네 가지가 요구됩니다. 이것을 '회복의 4R 원칙'이라고 합니다. 회복의 4R 원칙에는 Rehydrate, Refuel, Rebuild, 그리고 Reduce가 포함되어 있습니다. 모든 원칙이 영양 섭취와 관련된 내용을 담고 있습니다.

첫째, Rehydrate (수분 보충)입니다. 훈련 이후 우리 인체는 탈수 상태이므로 수분을 보충하여 수화상태(수분이 충분한 상태)가 될 수 있도록 해야 합니다. 수분은 운동수행력 향상이나 근육

형성, 근육통증의 자각 정도 등 과 밀접한 관련성이 있기 때문에 더욱 신경 써야 합니다. 신체를 건조하지 않게 하고 잘 마시는 것만으로도 분명 다른 컨디션을 경험할 수 있습니다.

둘째, Refuel (글리코겐 재충전)입니다. 종목마다 차이가 있겠지만 일반적으로 선수는 글리코겐이라고 하는 에너지원을 많이 사용합니다. 훈련 후에는 글리코겐 감소가 뚜렷하게 나타납니다. 쉽게 말해서 자동차에 연료가 부족한 상태입니다. 탄수화물 공급원의 섭취를 통해 근육에 연료(글리코겐)를 다시 채워 넣는다면 그 다음에 이루어지는 훈련에서 피로감 없이 더 좋은 운동수행력을 보일 수 있을 것입니다.

셋째, Rebuild (손상된 근육 복구)입니다. 훈련에서의 반복적인 근육 수축은 근섬유에 미세한 손상을 일으킵니다. 건물이 무너졌다고 상상해보면 됩니다. 무너진 건물(손상된 근육)에 다시 새로운 벽돌(단백질의 필수아미노산)을 쌓아 올려야 합니다. 질 좋은 단백질은 손상된 근육을 잘 복구하여 이전보다 더 크고 단단한 근육으로 만들어 줄 것입니다. 이런 근육은 부상을 예방하는 효과도 있습니다. 마지막으로 Reduce (근육 스트레스 감소)입니다. 훈련을 통해 선수는 근육에 스트레스를 많이 받습니다. 이러한 스트레스를 일으키는 원인에는 통증, 염증, 그리고 산화 스트레스 등이 있습니다. 이러한 것들을 감소시키는 노력이 필요합니다. 필수지방산(오메가-3 지방산)과 함께 과일 및 야채를 충분하게 섭취한다면 근육이 받는 스트레스를 줄여 선수의 신체적 또는 심리적 컨디션을 향상시킬 수 있습니다. 이러한 4R 원칙에는 언제나 충분한 수면이 함께 해야 합니다. 수면은 선수를 위한 최고의 단일 회복 전략이라고 얘기합니다. 충분하지 않은 수면은 에너지원 저장량을 감소시키고 근육의 회복을 방해하는 여러 염증성 사이토카인과 스트레스 호르몬의 증가를 가져옵니다. 선수는 수면의 질과 양을 충분하게 확보해야 합니다. 잘 자는 것은 잘 먹는 것만큼 아주 중요합니다.

회복은 특별한 것이 아닙니다. 고도의 테크닉을 요구하지도 않습니다. 아주 기본적이며 간단합니다. 왜 우리는 신체를 움직이는 훈련에만 관심이 있을까요?. 선수 자신에게 필요한 영양소를 충분하게 섭취하고 잘 자는 것을 습관화하여 자신의 신체에 최적화시키는 과정도 하나의 훈련이 될 수 있지 않을까요?. 회복은 선수에게 필요한 '습관'이자 또 다른 의미의 '훈련'으로 기억되어야 할 것입니다. 앞으로 선수트레이닝 현장에서 '훈련방법론'과 함께 '회복방법론'에 대해서도 중요하게 다뤄지면 좋겠습니다. 그리고 '회복방법론'의 긍정적 효과와 그에 따른 희열이 커지기를 진심으로 바랍니다.

김 주 영
(한국과학기술원(카이스트) 인문사회과학부 대우교수)

선수트레이너의 코칭 스탭과의 관계와 성비가 어떻게 되나요?

팀 마다 차이가 있겠지만, 선수트레이너의 인식도 변화하고 있습니다. 또한 과거 대부분의 남자 선수트레이너만 있었지만, 요즘은 그 비율이 6:4 또는 7:3 정도 되는 것 같습니다. 여자팀의 경우 과거 남자 선수트레이너 밖에 없었기 때문에 남자 선수트레이너를 썼지만 이제는 여자 선수들은 여자 선수트레이너가 관리하는 것이 당연히 운영면에서도 그렇고 여자 선수의 특성을 잘 이해 할 수 있기 때문에 선호 할 수밖에 없습니다. 여자 선수팀의 증가에 비해 아직 여자 선수트레이너 지원자가 상대적으로 매우 적기 때문에 관련 전공 여학생들의 취업의 기회가 많지만 업무 강도가 높기 때문에 강한 체력과 인내심이 필요합니다.

또한 서포터를 하는 역할이 많기 때문에 단순히 운동이나 재활, 치료만 잘해서 되는 것이 아니라 관련 서류 및 행정 업무 또한 능숙 해야 하고, 감독과 코칭 스텝들과의 커뮤니케이션이 원활 해야 하며 팀 내에서 상대적으로 직급이 낮고 대우가 좋은 편은 아니지만 이 또한 점점 개선되고 있는 것 같습니다

과거 백전 노장의 팀 감독님이나 코치 선생님들의 경우 부상이나 통증을 호소 해도 그냥 참고 하라고 강요하거나, 정신력이 문제다 라고 하는 분들이 많이 있었지만 최근 그런 지도자들은 은퇴를 하고 젊은 지도자들과 교육들이 진행되며 인식 개선이 이루어 져서 선수트레이너의 역할의 중요성을 깨닫고 있습니다. 팀의 부상 선수를 줄이고 그로 인해 시즌 동안 원할 한 운영이 가능하다는 것을 인지하여 선수트레이너를 고용하는 팀들이 과거에는 프로팀에 1팀에는 1~2명, 아마추어 팀에 1명이 있으면 좋은 팀이였지만, 최근 들어 프로 농구 같은 경우 3명을 운영 하는 팀들이 많아졌고, 프로 야구 같은 경우에는 1군 뿐만 아니라 2군 까지도 운영을 하는 경우가 늘고 있습니다. 또한 전담으로 운영하기 힘든 경우 동계훈련 또는 대회 기간 단기 파견 요청이 늘고 있습니다.

선수트레이너(ATC) 가 되려면 어떤 과정을 거쳐야 하나요?

1. Certified Athletic Trainer (ATC) 가 되려면?

미국에서 ATC 가 되려면 CAATE (Commission on Accreditation of Athletic Training Education) 에서 승인 받은 Entry-Level Athletic Training Professional Education Program (학사 또는 석사 과정 중 하나)을 졸업해야 하고, 이 프로그램의 졸업 예정자와 졸업자는 Board of Certification (BOC) 에서 주관하는 시험을 볼 자격이 주어지며, 이 시험을 통과하고 기타 서류 (ECC requirements 그리고 졸업증명서)를 제출하시면 자격증을 부여 받게 되고 이때부터 ATC 가 된다.

2. Program 검색과 선택

CAATE Accredited Professional Education (Entry-Level) Programs 는 http://www.caate.net/ 에서 검색이 가능 하다. 선택의 기준은 위치, 학비, 생활비, 선호하는 대학, 프로그램, 컨퍼런스 등 다양하겠지만 지원자격이나 관련된 내용을 최대한 미리 알아보고 지원 하는 것이 중요하다.

3. AT Programs 지원

Programs 의 세부 사항은 해당 Program Director 와 상의하는 것이 가장 빠르고 정확한 방법이다.

- a. 영어 시험
  미국 대학교에 입학 하려면 TOEFL 성적이 있어야 한다. Graduate Professional Education Program (Entry-Level Master's Degree) 에서는 GRE (Graduate Record Exam) 를 요구하기도 한다. 각 Programs 마다 요구 성적이 다를 수 있으므로 해당 학교의 홈페이지 또는 Program Director 를 통해 확인하시기 바란다.

- b. 선수과목 (Pre-requisites)
  Program 에 들어가서 공부하기 전에 이수 해야 할 과목들을 말한다. 각 Programs 마다 선수과목이 다를 수 있다. 과목 이름이 동일 하지 않을 경우 인정 받을 수 없는 경우도 있다. 해당 Program Director 에게 email / fax로 성적표 또는 이수한 과목명을 보내면 Program Director 가 인정 여부를 확인해 준다. 보편적으로 exercise science 또는 kinesiology programs 에 편입을 해서 선수과목을 이수 한다. 대표적인 선수과목으로 해부학과 생리학이 있으며 Program 에 따라 요구사항이 다를 수 있으니 Program director 에게 문의해야 한다.

- c. Clinical Observation Hours
  대부분의 Programs 에서 Clinical Observation Hours 를 요구 한다. 일반적으로 Program Director 와 상의한 후 지원하고자 하는 학교에서 취득이 가능하다. 보통 해당 학교의 ATC (supervisor) 가 문서 (각 programs 마다 양식이 있음) 로 시간이수를 증명한다.

- d. Essay (Statement of Purpose)
  학교 입학 할 때 또는 Programs 을 지원할 때 Essay를 요구하기도 한다. 보통 (1) 왜 AT 전공을 공부하고 싶은가? (2) 왜 해당 program (or institution) 에 입학하기를 원하는가? 그리고 (3) 졸업 후 ATC가 된 후 계획은 무엇인가? 에 대해 쓴다.

4. 지원 후 점검 사항

서류들이 잘 도착했는지 전화나 email로 확인하는 것이 서류 도착 여부를 확인이 필요하다. 서류 심사를 통과하면 많은 프로그램들이 Interview (phone or on-site)를 요구 하며, 합격여부는 보통 한달 내로 알 수 있다.

미국 선수트레이닝 전공 프로그램은 무엇이 있나요?

미국 선수트레이닝전공 프로그램은 (Athletic Training Program; AT) 4개의 과정이다

첫째: 학부과정 (Undergraduate)
AT 학부과정은 선수과목 1년 + 전공 프로그램 3년 또는 선수과목 2년 + 전공 프로그램 2년으로 이루어 진다. AT 학부과정은 전공과 관련된 수업 외에도 해당 학교에서 요구하는 다양한 교양 수업들을 수강 해야 한다.

예를 들어,
- 미국역사 (American History),
- 미국 주정부법과주법 (Federal & State government),
- 영문학 (English Literature),
- 글쓰기(Rhetoric and Composition),
- 철학 (Philosophy),
- 심리학(Psychology),
- 교육학 (Education),
- 생물학 (Biology),
- 화학 (Chemistry),
- 물리학 (Physics),
- 통계(Statistics),
- 수학(Mathematics),
- 예술 (Arts) 등 수강해야 한다.

학교에서 지정해 놓은 코어수업 + 전공수업 + 교양 + 본인선택 수업까지 합쳐서 대략 120~140 학점을 수강하게 된다 (학기당 15-18학점).

만약 한국에서 2학년 까지 (4학기)를 마쳤다면, 미국 대학교로 편입(Transfer) 이 가능한 경우도 있다. 편입 후에 해당학교 AT 프로그램에서 지정해 놓은 선수과목을 약 1년간 듣고, AT전공 프로그램이 정해 놓은 기간 동안 (대략 2-3) 전공을 이수하면, 미국 AT전공 학부 과정을 마칠 수 있다.

AT 학부과정은 외국인은 장학금이 없기 때문에 자비로 등록금과 생활비를 충당해야 한다. 등록금과 생활비는 대학교가 위치한 도시의 규모와 학교 크기에 따른 편차가 커서 일일이 나열 할 수 없으나, 대략 한 학기 등록금은 300만원 ~ 1500만원 + 한달 생활비 100만원 ~ 200만원 정도 소요 된다. 또한 생활비는 집값 + 식비 + 책값 + 의료보험 등을 포함한 예상 금액을 말한다. 등록금은 해당학교 홈페이지 검색창에 Tuition 이라고 입력을 하면 확인할 수 있다.

둘째: 석사입문과정 (Entry-level Master's)

AT 석사입문 과정은 선수과목 6개월 ~ 1년 + 전공 프로그램 1.5 ~ 2년으로 이루어 진다.
AT 석사입문 과정은 학부과정과 달리 일반 교양과목 이수를 요구하지 않고, AT 전공과 관련된 수업을 듣게 된다. AT 석사입문 과정도 학부과정과 마찬가지로 본인의 자비로 등록금과 생활비를 충당 해야 한다. 하지만 처음 들어갈 때 부터는 아니지만, 학교내에서 일자리를 잘 구하면 학비와 생활비가 나온다. 금액은 앞서 AT 학부과정에서 언급한 기준과 비슷하다. AT 석사입문 과정의 지원조건은 학교별로 조금씩 다르지만, 일반적으로는 인체해부학, 운동생리학, 생물학, 물리학, 화학, 수학 등 + NATA BOC ATC 의 도움을 받아 25 ~ 250 시간의 임상 실습시간(Clinical Observation Hours) + AED & CPR 자격증을 요구한다. 미국 CAATE에 인가 된 AT 학부과정을 졸업하지 않은 모든 한국학생들은 반드시 AT 석사 입문과정으로 진학 해야 한다.

셋째: 석사과정 (Master's)

AT 석사과정은 1.5 ~ 2년으로 이루어진다. AT 석사과정을 AT 석사 입문과정과 구별하기 위하여 AT 어드밴스 석사과정이라고 이야기를 하기도 한다. AT 석사과정은 미국 선수트레이너 자격증시험 (NATA BOC ATC)을 통과했거나, 자격증시험 요구 조건을 갖춘 분들에 한하여 지원 가능 하다. 미국 AT 학부과정 졸업 후, 자격증 시험을 통과하게 되면 대학원 조교 선수트레이너 (Graduate Assistant Athletic Trainer Certified) 로써 미국대학교 또는 고등학교 운동 팀과 일을 하면서 AT 석사과정 공부를 하게 된다. AT 석사과정은 해당학교에서 등록금 면제와 한달 생활비 (100만원 ~170만원)가 지원되는 경우도 있지만 모든 학생이 그렇게 받을 수 있는 것은 아니다. 모든 학생에게 조교 선수트레이너 자리를 주는 학교도 있지만, 대부분의 학교는 등록금과 생활비를 모두 면제 받으려면 어느 정도 경쟁이 필요하다.

넷째: 박사과정 (PhD)

AT 박사과정은 3 ~ 5년으로 이루어 진다. AT 박사과정은 해당학교에서 등록금 면제와 한달 생활비(대략 150만원)가 지원된다. 현재 미국 내 AT 박사과정은 16개 학교이며, AT 석사 입문과정과 AT 석사과정 졸업자 모두 지원이 가능하다. AT 박사과정은 연구에 초점이 맞춰져 있으며, AT 전공 보다는 Biomechanics, neuromuscular, kinesiology, exercise physiology, 등 여러 분야에서 주제로 박사과정을 지원할 수 있고, 졸업 후 대부분 대학교 교수직을 희망한 한다.

\# 2022년까지 모든 학부프로그램이 entry level master OR advanced level master 로 바뀔 예정 이다. 한마디로 학부 프로그램을 모두 석사프로그램으로 바꾼다는 거죠. 한국에서 학사를 졸업했다면, 그대로 entry level master에 지원을 하면 되고, 혹시나 한국 학사에서 미국학사로 transfer 하거나, 처음부터 미국학사로 입학하길 원하는 사람들은 2022년 전에 지원해서 들어가야 할 것 같다. 참고하세요.

지원시기

미국의 정규학기는 9~12월 (가을학기) + 1~5월 (봄학기) 로 구성되며, 6~8월 (여름학기)은 계절 학기로 운영된다. 만약 2019년 가을학기 입학을 목표로 한다면, 입학원서 지원 기간은 2018년 10월 ~ 2019년 2월 사이 이다. 입학원서 기간은 학교마다 차이가 있지만, 입학원서를 지원마감 보다 일찍 마무리 하길 권고 한다. 입학원서 지원 시 요구하는 항목들은 GPA, GRE, TOEFL, Recommendation letters, Resume, Essay 등이 있다. 입학원서 지원 후, 합격 여부는 원서지원 마감일로 부터 2개월 이내에 결정이 되며, 최종 합격 발표 이전에 해당 학교 AT프로그램 디렉터로 부터 입학 인터뷰 요청이 있을 수 있다.

미국 AT 프로그램 검색

첫번째: NATA 홈페이지에서 확인하기
http://www.nata.org

두번째: CAATE 홈페이지에서 확인하기
http://www.caate.net

1. 홈페이지 왼쪽 상단 ACCREDITED PROGRAMS 클릭
2. Search for Accredited Programs 클릭
3. State / Territory 란에 원하시는 주(State) 입력 + Program Type 란에 Professional 입력 + Degree Type 란에 AT 학부과정은 Bachelor 입력 & AT 석사 입문과정은 Masters 입력
4. Search 옆에 있는 그림을 클릭하시면 아래쪽에 AT 프로그램 학교 리스트가 된다.

손 성 준
(차의과학대학교 스포츠의학대학원 선수트레이닝전공 주임교수)

유학 준비 과정 안내 및 Bridgewater State University AT program 소개 - 한승욱

안녕하십니까. Bridgewater State University 에서Entry Level Athletic Training 전공 2년차를 마무리 하고 있는 한승욱 이라고 합니다. 일단 저희 학교 AT 프로그램은 다양한 Clinical experience 를 제공하고 있습니다. 특히 아이비리그 등 Division 1 school 이 다섯 학교 (Harvard, Brown, Boston College, Bryant, Rhode Island)가 있어서 다양한 Division1 스포츠를 경험할 수 있습니다. 그것 외에도, 프로팀, 고등학교, Division 3 school, 그리고 재활센터가 있어서 학생들이 경험하고 싶은 분야에 지원해서 원하는 경험을 할 수 있는 장점이 있습니다. 저희가 공부하기 전에 공부하셨던 권순구, 김주성, 조문성 선생님들께서 다른 나라 학생들 보다 잘 하시고, 열심히 하셔서 한국학생들이 원하는 Clinicalsite 에 최대한 보내주려고 하십니다. 또한 학교에 교수님들도 International student에 대해서 열심히 한다고 평가해 주시고, 여러 부분에서 적응하는데 도움을 주시기 때문에 처음에 프로그램을 시작 할 때 큰 어려움 없이 시작 할 수 있었습니다. 이런 점들이 다 어우러져, 현장으로 바로 나가려고 하셨던 분들은 졸업 후에도 좋은 곳으로 취업까지 하신 것으로 알고 있습니다. 또한 Boston 이 45분 거리에 있기 때문에 생활하는데 있어서도 크게 불편함을 느끼시지 않을 것이라고 생각합니다. Bridgewater 자체는 도시가 아니기 때문에 일상 생활 하실 때에는 한국음식 등을 만들어 먹어야 하는 제한 점이 있지만 Boston에 괜찮은 한국식당들 그리고 한인마트가 있기 때문에 식단적인 부분도 크게 도움을 받으실 수 있으며, 특히 종교생활을 하시는 분들에게는 이 부분이 더욱 큰 장점이라고 생각합니다.

다음은 학비에 관한 부분입니다. 저희 학교의 학비는 한 학기에 약 $5000 정도로 저렴한 편이며, 지금 저를 포함해서3명 이상이 GA position (AT가 아닌 교수 연구실에서 문서작업, 수업준비를 도와드립니다)으로 일을 하면서 2년 중에서 1년 학비를 면제 받고 한 달에 약 $800 의 생활비까지 추가적으로 받고 있으며 약 1년에 절약할 수 있는 돈이 $25,000 정도 될 수 있으며, 지금 1년차 학생들도 2~3명의 학생이 GAposition을 하고 있는 것으로 알고 있습니다. 저희 학교는 연구중심의 학교가 아니고 Ph.D. program이 없기 때문에 GA position 뿐만 아니라 RA position (연구조교가 적당한 표현일 듯 합니다) 도 석사대학원생을 뽑기 때문에 생각보다 많은 기회가 있을 것이라고 생각합니다. 특히 저번 달 까지 GA Position 을 구하고 있다는 글을 봤을 때에는, 생각이 있으신 분들은 노력에 따라서 학비에 대한 부담을 크게 덜 수 있을 것이라고 생각합니다.

미국에서의 마지막 학기를 보내고 있는 지금, 한국에서 출발했던 날부터 지금까지의 과정을 생각해보니 정말 빠르게 시간이 흐른 것 같습니다. 특히 박지홍 교수님, 김대호 실장님, 권순구, 이원재 형님들의 도움으로 동기부여를 받고, 이렇게 여기까지 올 수 있었습니다. 항상 감사하게 생각하고 있습니다. 비록 제가 준비했던 과정과 약간 차이가 있지만 저처럼 유학원 도움 없이 문제없이 준비를 하시길 바라는 마음에 약간의 준비과정의 순서는 다르다고 말씀 드리고 싶습니다.

1. 학교 리스트 만들기 및 홈페이지 확인 (TOEFL score, GRE score, Tuition, Pre-requisite)

우선적으로 유학을 준비하시면서 가장 먼저 하셔야 할 일은 희망하시는 학교 리스트를 적어 보시고 각 학교 홈페이지에 들어가셔서 International Student 관련 요구사항을 확인하시는 일이라고 생각합니다. 유학을 준비하시면서 원하시는 학교 리스트를 정하셨으면 각 학교 Athletic Training Program 소개를 위한 홈페이지 혹은 그 학교에 International Student 관련 홈페이지를 확인하시면 그 학교에서 요구하는 TOEFL 및 GRE 성적, 학비(Tuition), 그리고 선수과목 (Pre-requisite)을 확인 하실 수 있습니다. 부족한 선수과목은 크게 두 가지 방법이 있다고 할 수 있습니다.

첫 번째는 한국에 있는 학점은행제를 통해서 부족한 과목을 이수하는 것이 있으며, 두 번째는 미국에 있는 Community college 에 가셔서 듣는 방법이 있습니다. 두 가지 각각 장단점이 있다고 생각합니다. 한국에서 들으실 경우 경비를 아낄 수 있는 장점이 있습니다. 저의 경우는 대부분의 과목을 대학 재학 중에 이수 하였기 때문에 추가적으로 학점은행을 통해 이수할 필요는 없었습니다.

두 번째는 Community college 에서 들었을 때는 비록 경비는 한국에서 보다 더 들게 되지만, 실제 학기가 시작했을 때 훨씬 적응하기 쉽고, 영어적인 부분도 많이 향상된다는 점입니다. 실제로 일본에서 온 학생은 다른 학교에서 먼저 학점 은행제를 통해서 선수과목을 이수했는데, 확실히 저희보다 영어로 수업을 듣고, 이야기 하는데 수월하다는 느낌을 받을 수 있었습니다. 또한 몇몇 과목은 학기 중에 들을 수 있습니다. 하지만 이것은 program director의 재량이기 때문에 지원하기 전에 먼저 이런 가능성이 있어서 몇 개의 부족한 선수과목은 인정을 해 줄 것인지, 혹은 지원 전에 무조건 요구하는 과목을 이수할 것인지 확실하게 확인하고 진행을 하셔야 할 것입니다. 몇몇 학교는 한 페이지 안에 모든 정보가 있지 않기 때문에 AT 전공 홈페이지와 International School 관련 페이지 두 곳 혹은 그 이상을 들어가야 하는 경우도 있을 것 입니다. 그 정보를 확인하신 후 표를 만들어 놓으신 후 계획을 세우시면 한결 수월하게 진행하실 수 있을 것이라고 생각합니다. 저희 학교 같은 경우도 bsuatp.com이라는 홈페이지에 가셔서 확인하실 경우 계획을 세우실 때 도움이 될 것이라고 생각합니다.

* 처음에 홈페이지에 들어가셔서 원하시는 정보를 영어로 찾기는 쉽지 않을 것이라고 생각이 들지만 어차피 유학을 생각하시고 있으시면 영어는 무조건적이기 때문에 연습하신다고 생각하시고 하시는 것이 좋을 것 같습니다. 처음엔 혼란스럽고 귀찮지만 익숙해지면 원하는 정보를 빠르게 찾으실 수 있을 것입니다. (추가적으로 각 학교에서 요구하는 선수과목들은 최대한 이수하시면서 준비하시는 것이 좋을 듯합니다. 이번에 저희 학교에서는 선수과목이 많이 부족해서 합격시키지 못한 학생도 있다고 말씀 하셨습니다.)

2. TOEFL 및 GRE
거의 모든 유학 준비를 하시는 분들에게 가장 큰 산은 바로 TOEFL 그리고 GRE 성적을 만드는 것이라고 생각하고 있습니다. 위에서 학교 목록을 만드시고 학교에서 요구하는 성적을 확인하셨으면 최소 몇 점을 받아야 원하시는 모든 학교를 커버하실 수 있는지 아실 겁니다. 저의 경우는 가장 높은 학교가 WEBER STATE UNIVERSITY의 85점이 가장 높은 점수였습니다. 영어 점수를 만들기 위해서는 여러 가지 방법이 있을 것 입니다. 학원을 등록하시거나, 인터넷 강의를 들으시거나 혼자서 공부를 하시는 방법 등 여러 가지가 있기 때문에 영어공부 방법에 대해서는 말씀 드리기가 어렵지만 가장 중요한 것은 될 때까지 인내심을 가지고 하시면 결국은 원하시는 점수를 받을 수 있으실 것입니다. 저도 주변에 먼저 공부를 하셨던 분들의 그런 조언을 생각하면서 원하는 성적을 받을 수 있었습니다. GRE같은 경우는 학교마다 크게 다르기 때문에 그 조건을 조금 더 신경 써서 확인하시는 것이 좋을 것 입니다. 어떤 학교는 점수를 명시한 학교가 있고 또 어떤 학교는 총 학점이 3.0을 넘지 않았을 경우 요구를 하는 경우도 있습니다.

3. Program director 연락
이 부분은 제가 하지 못했던 부분이고 못했기 때문에 어려움을 많이 겪었던 부분 중에 하나입니다. 보통 AT Program 홈페이지에 들어가시게 되면 프로그램을 운영하고 관리하는 Director의 이름과 메일주소 같은 연락처가 명시되어 있을 것 입니다. 그런 분들에게 자신의 상황 (언제 지원하고, 영어성적, 선수과목 등등 어떤 것이 준비되어 있는지)을 이야기 하시면 대부분의 Director들은 친절하게 설명을 해줄 것입니다. 저희 학교의 경우도 학기 중에 일본인 학생이 Program director 와 연락을 한 후 저와 같은 학기를 다니고 있는 일본인 학생과 연결시켜주어 Observation hour 및 학교 수업을 경험하는데 도움을 주었습니다. 보통 이렇게 학교에서도 많은 학생들이 지원하는 것을 바라고 있고, 그 학생들에게 정보를 제공하고 도와주는 것이 자신의 일이라고 생각하기 때문에 어느 정도 양식 및 예의를 갖추어 메일을 보내신다면 대부분은 친절하게 대답을 해 주실 것입니다. 또한 이렇게 연락하는 것의 장점은 그 학교에서 요구하는 것만 준비하면 되기 때문에 시간 및 돈을 절약할 수 있을 것 입니다. 그 분들도 International student의 영어실력을 저희보다 더 잘 알기 때문에 약간의 문법적 오류 혹은 표현의 오류가 있어도 이해하시고 설명을 해 주실 것입니다. 미국에서 학교의 일은 대부분 이메일을 주고 받기 때문에 부담 없이 보내도 괜찮을 것 입니다. 특히 Observation hour 관련 한 부분은 좀더 상세하게 여쭤 보시는 것이 좋을 듯합니다. 만약에 주변에 미국에서 공부하신 Athletic trainer 가 없으시다면 일단 학교에 이런 상황을 설명해 보시고 답변을 기다리는 방법도 한가지라고 생각 합니다.

4. 홈페이지 확인 (요구하는 양식 및 서류, 신체검사)

AT program director 에게 메일을 보내신 다음 한번 더 홈페이지를 체크하시는 것이 중요합니다. 각 학교에서 원하는 Observation hour 및 양식이 따로 있을 수 있고, 학교에서 원하는 예방접종 및 신체 검사 양식이 있을 수 있기 때문입니다. 특히, 이 과정에서는 실제로 지원하는 과정이기 때문에 앞에서 확인 하셨던 것 보다 더 세밀하게 준비하셔서 학교에서 요구하는 것을 충족시키시는 것이 중요하다고 생각합니다. 또한 보통 추천서를 요구하기 때문에 마감일이 임박해서 부탁드리는 것 보다는 추천서를 받기 원하시는 기간보다 약 한달 전에 연락을 드리고 추천서를 부탁드리는 것이 훨씬 수월하게 진행하실 수 있을 것이라고 생각합니다. 미국에서 요구하는 추천서는 지금까지 살아왔던 과정 중에 자신과 함께 시간을 보낸 (지도교수, 상사, 혹은 동료)의 추천서를 받는 것이 중요하지만 이 분야의 유명한 교수님의 추천서를 받아도 그 사람의 인생에 아무런 연관이 없으면 그것은 좋지 못한 추천서라고 생각한다고 하기 때문에 너무 큰 부담을 가지지 않고 연관이 있는 분에게 부탁을 드리는 것이 더 중요하다고 생각합니다. 이것 외에 여러 가지를 (자기소개서, Resume 등) 꼭 확인을 하시길 바랍니다.

5. 성적표 및 졸업 증명서 변환

이 부분도 제가 생각하지 못했던 부분 중 하나입니다. 이 과정은 한국의 학점을 미국의 양식으로 바꾸는 과정이라고 생각하시면 됩니다. 또한 저희가 한국에서 뽑은 학교 성적표는 Official 하지 않다고 생각하기 때문에 이 변환과정을 통해 각 지원하는 학교로 보내지기 때문에 이 과정을 거쳐서 받은 성적표만이 Official 하다고 생각하시면 됩니다. 보통 미국에서는 WES 라는 홈페이지에서 이 과정을 진행하기 때문에 홈페이지에 들어가셔서 확인해보시는 것이 중요할 것입니다. 또한 한국의 성적표를 보내기 위해서는 공식적인 방법으로 보내야 하기 때문에 학교에서 이런 절차를 진행해 주는 부서를 찾으신 후 요청하시는 것이 좋을 것 입니다. 이 과정도 미국으로 우편을 보내기 때문에 보통 2주정도 걸린다고 생각하시면 됩니다. 그러기 때문에 이 과정 또한 조금 여유 있게 준비를 하시는 것이 좋을 것입니다. (이 부분도 몇몇 선생님께서 여쭈어 보신 부분입니다. 만약 졸업을 하시고 준비를 하고 계신다면 이것은 빠르면 빠를수록 좋다고 생각이 됩니다.)

6. 지원 마감 날짜 확인

한국도 마찬가지지만 미국은 훨씬 더 다양한 학교가 있고 각 학교마다 진행절차가 다르기 때문에 각 학교의 마감일을 세세하게 확인하시는 것이 좋습니다. 특히 우편이 가는 날까지 계산을 하셔서 마감날짜를 생각하셔야 하기 때문에 마감날을 넉넉하게 잡으시는 것이 좋습니다. 아마 올해에서 내년 초에 지원하시는 분은 이제 거의 보름 정도 남았다고 생각하시면 될 듯 합니다. 이 부분도 지원을 하시는 과정에서 프로그램 Director와 연락을 하시면서 일을 하시면 실수 없이 진행하실 수 있으실 겁니다. (석사 프로그램을 준비하고, 이번에 졸업 후 진로를 위해서 여러군데 지원을 해 본 경험으로는 마감날짜와 상관없이 최대한 일찍 지원을 하는 것이 안전하고 합격할 확률도 높다는 느낌을 많이 받았습니다. 마감날짜까지 기다리지 마시고 준비하시는 대로 최대한 빠르게 마무리 하시는 걸 추천 드립니다.)

7. 인터뷰 그리고 합격

이렇게 날짜에 맞춰서 각 학교가 요구하는 것을 모두 충족시킨 후 학교에서 검토 후 합격 혹은 불합격 통보를 이메일로 보내줄 것 입니다. 또한 보통 1차로 합격을 하시게 되면 그 후 인터뷰를 요구하는 학교들이 있을 것 입니다. 보통 한국에 있기 때문에 스카이프, 전화통화, 인터뷰 녹화 프로그램을 통해서 인터뷰를 실시하게 될 것입니다. 제가 면접을 봤을 때의 질문은 보통 왜 이 전공을 선택했는지, 왜 이 학교를 지원했는지를 시작으로 거기에 대한 추가적인 질문을 할 것입니다. 보통의 경우는 20분에서 30분 정도 진행하는 것 같습니다. 보통은 전공에 관련한 그리고 지원동기를 물어보는 것이기 때문에 (물론 스트레스를 받으시겠지만)너무 큰 부담을 가지고 하시는 것 보다는 지금까지 왜 미국에서 공부하시려고 했는지 차분히 적어보면 어느 정도 답변을 할 수 있는 양식이 완성 될 것이라고 생각합니다. 이 부분까지 다 마치시게 되면 이제 정말 합격 혹은 불합격 소식을 기다리는 방법 밖에 없을 것 입니다. 보통 학교는 합격통보를 이메일로 해 주는데 불합격도 늦게 나마 이메일을 보내주는 경우도 있습니다.

8. 비자

합격을 하시게 되면 미국 출국 전 마지막으로 해야 할 일은 학생 비자를 발급하는 과정입니다. 비자 인터뷰를 위해서 가장 중요한 것은 각 학교에서 한국으로 보내주는 i-20양식이라는 것입니다. 이 문서가 있어야 대사관에서 인터뷰를 하고 학생비자를 받을 수 있는 진행을 하게 됩니다. 비자 인터뷰 노하우 또한 인터넷에 검색해보시면 쉽게 찾으실 수 있을 것입니다. 하지만 어학연수의 목적이 아니라 학위를 위해 비자를 받는 것 이기 때문에 쉽게 인터뷰를 보실 수 있을 것 입니다. 저의 경우에도 어떤 전공을 하러 가는지 물어보고, 학부 때 전공을 물어보고 학비지원 관련 (부모님 통장잔액증명서 확인) 물어 보고 바로 통과하였습니다. 공부 외에 다른 목적을 가지고 미국에 가려는 모습만 보이지 않으면 5분내로 인터뷰를 마치실 수 있을 것입니다.

9. 생활 및 노하우

마지막으로 합격을 받으신 후에 준비를 하시는 과정에서 한국에서 하지 않아도 괜찮았던 일들은 몇 가지 적어 보려고 합니다. 가장 억울 했던 부분은 TBskin test 입니다. 한국에서는 드물게 실시하는 검사이기 때문에 가격도 비싸고, 여러가지로 불편한 점이 많이 있었습니다. 학교에서 무조건 요구하는 게 아니면 합격한 학교에 있는 health center 관련 부서에 꼭 해야 하는지, 혹은 가서 받아볼 수 있는지 문의해 보는 것도 좋을 것 같습니다. 저 같은 경우도 비싸게 했는데 여기서 공짜로 다시 했습니다. (또한 프로그램에서 요구하는 CPR 자격증에 대한 부분은 한국에서 취득하신 것은 인정하지 않을 수 있기 때문에 미국에 오셔서 하루만 투자하신다고 생각하시고 크게 스트레스 받으실 필요 없다고 말씀 드리고 싶습니다.)

제가 준비하면서 유학원의 도움 없이 먼저 공부하셨던 선배님들의 도움을 보답하는 방법 중에 하나가 다른 분들이 준비하면서 필요할 때 도움이 되어야 한다는 생각으로 부족하지만 이렇게 적어보았습니다.

Mercy Sports Medicine – 박세훈, MSAT, LAT

2001년 10월, 미국 테네시(Tennessee) 낙스빌(Knoxville) 근처에 있는 The King's Academy에서 6년 동안 중/고등학교 기숙생활을 하였고 8학년(중2)때부터 고등학교 미식축구팀에 선발되어 5년 동안 미식축구팀 선수생활을 하였습니다. 가을엔 미식축구, 그리고 봄 시즌에는 축구선수로 활동하였습니다. 기숙형 학교에 입학 후 공부와 운동을 하며 시골에서 저 나름대로 보람 있게 6년을 보냈습니다. 수업성적이 경기 출전여부를 좌우하는 시스템에 저는 더욱더 공부를 많이 하게 되었죠. 보편적으로 미국 중/고등학교에서 운동 대표팀 활동을 하려면 D 혹은 F학점이 있어서는 절대 안됩니다. 성적이 나쁘면 경기출전은 없다고 보시면 됩니다. 최소 C학점은 받아야지만 경기를 뛸 수 있습니다. 미국에서 학생이란 공부가 먼저고 그 다음이 예체능 이라고 보시면 되겠습니다.

제가 스포츠선수의 커리어를 포기하고 선수 트레이너로 방향을 돌린 계기는 고등학교 졸업반 마지막 풋볼시즌 첫 경기 때 있었던 일입니다. 킥오프를 끝내고 제가 디펜시브 태클로 들어가서 경기를 뛸 때 상대편 선수가 제 왼쪽 무릎쪽으로 찹블락을 했었고 그 결과 저는 왼쪽 무릎을 심하게 손상을 당하게 됩니다. MCL 및 반월상연골 파열을 진단받았습니다. 그때 당시 선수트레이너와 재활을 하였는데, 그 트레이너를 보며 더욱더 선수 트레이너에 매력을 느꼈고 지금의 제가 AT로써 일하고 있는 것 같네요.

고등학교 졸업 후 저는 운동에 관련된 전공과 인턴쉽을 찾고 있었습니다. 그래서 2007년 8월 테네시 대학교(University of Tennessee at Knoxville) 운동과학과에 입학하고 대학교 신입생때 같은 고등학교에서 졸업한 동기가 저에게 Lady Volunteers Athletic Training 인턴쉽을 같이 하자고 제안을 합니다. 저도 혼자 일하는 것은 좀 무리인 것 같아서 친구가 같이 일하자고 할 때 바로 지원서 제출하고 3주 후에 AT student intern으로 근무를 시작합니다. 2008년 1월부터 12월까지 테네시 여자 스포츠부에서 축구팀/조정팀에서 실습 및 인턴생활 후 2009년 초 한국에 돌아가 군복무를 시작합니다.

2010년 군대에서 전역하고 미국에 있는 다른 대학교로 편입준비를 하게 됩니다. 지금도 그렇지만 그때 당시에도 테네시 대학교에는 AT전공이 없었습니다. 미국에서 선수 트레이너가 되려면 CAATE 승인 받은 AT프로그램을 수료해야 BOC-ATC자격증 시험에 응할 수 있습니다. 다른 대학교로 편입 아니면 다시 복학해서 학사 졸업 후 바로 AT프로그램이 있는 대학원으로 진학해야 하는 상황이었습니다. 학비와 진로결정에 좀 고민하다가 5개의 대학교 학부편입 지원을 했습니다. (West Virginia, Baylor, Boise State University, LSU, Texas) 제가 대학 미식축구를 좋아해서 미식축구를 잘하는 대학들만 지원을 하게 된 것 같네요. 약간 미련한 생각일수도 있지만 그때 제 생각에 미식축구팀이 잘하면 AT프로그램도 좋지 않을까 라는 생각에 지원을 했었습니다.

제가 지원한 모든 대학교에서 합격통보를 받았고 그 중에 저는 아이다호 주에 있는 보이시 주립대학교(Boise State University)를 선택하게 됩니다. 보이시 주립대는 아마도 미국에서 유일하게 외국인 학부학생들에게 주는 장학금을 주는 미국 주립대인 것 같아요. AT프로그램을 알아본 결과, 다양한 레벨에서 실습할 수 있는 기회가 훨씬 많았고 또한 학비도 정말 싼 편이였습니다. 보이시 가기 전, 학교에서 제가 편입/외국인 학생 장학금 받는다고 연락이 왔을 때 얼마나 기쁘

던지... 4년 동안 1년에 $13,000 지원해 준다고 해서 망설임 없이 바로 I-20발급 받고 2011년 7월에 아이디호주로 가게 됩니다. 결과적으로 저는 학기마다 아이다호 주에 사는 미국인과 동일하게 학기당 $3500만 지불 했습니다. 싼 등록금으로 한국에서 대학교 다니는 것과 비슷하거나 혹은 더 싸게 다녔던 것 같네요.

〈Boise State University Athletic Training Program〉
보이시는 북서부에 있는 아이다호 주 수도입니다. 인구는 약 25만 정도가 되며 캠퍼스는 도시 한가운데에 위치하고 있습니다. 대학교 주변환경은 매우 친화적이고 보이시 강과 여러 공원이 둘러져 있습니다. 보이시 주요산업은 농업과 반도체업 입니다. 마이크론 및 심플랏 같은 주요회사의 본부입니다. 2011년부터 매년 2-3%이상 신입생수가 늘어나고 있는 추세입니다.
현재 보이시 주립대는 AT석사과정만 있습니다. 학사과정은 폐지됐습니다. 그래도 제가 4년 동안 경험했던 일들을 바탕으로 말씀 드리겠습니다. 저는 2011-2015년까지 재학했고 AT동기들은 저 포함해서 총 13명이었습니다. 현재 석사과정 학생수도 10-18명 정도로 유지하고 있다고 합니다. 대학교를 입학했다고 해서 다 끝난 것이 아니라, 다른 의료관련 전공(예. 간호학/물리치료학)처럼 2학년이 되기 전에 선수트레이닝과 전공 입학지원, 인터뷰, 입학시험 과정들을 거쳐야 AT전공을 시작 할 수 있습니다.
학사과정 첫 1년은 선수트레이닝과 전공입학을 위한 선수과목/필수과목을 수강했고 2년째부터는 AT전공과목만 들었습니다. 저는 복수전공으로 졸업했습니다. (Athletic Training and Exercise Science) AT커리큘럼에서 추가적으로 3-4개 과목들만 수강하면 운동과학을 수료할 수 있었습니다. 이러한 프로세스는 어느 AT관련된 대학을 가더라도 다 똑같습니다. 각 AT프로그램 지원시 필요 조건은 조금씩 차이가 있으니 원하시는 대학의 프로그램을 잘 알아보시고 필요 조건을 맞춰 지원하는게 좋습니다.
Boise State AT 프로그램 중점은 "how to work in real world." 졸업하고 ATC로써 어떻게 일을 해야 하는지를 몸소 느낄 수 있습니다. 예로 들어서 시간약속, 커뮤니케이션, 근무자세 등 사회생활을 할 때 필요한 요소들을 중요시 생각합니다. AT실습 나가실 때 선생님들도 "AT학생들은 모두 똑똑하고 훌륭하니까 프로그램에 합격했겠지…"라고 생각하시기 때문에 정말 열심히 배우고, 듣고, 질문하고, 실습하시면 아무 문제없이 졸업하실 수 있습니다. BSU AT 프로그램의 장점은 여러 환경에서 실습하실 수 있습니다. Idaho Sports Medicine Institute, BSU 보건소, BS 운동 팀, 프로 야구, 프로 아이스하키, 로데오, 그리고 주변 고등학교에 가셔서 실습생활을 합니다. 교육 분위기는 정말 가족 같은 분위기입니다. AT선생님들, PT 선생님들, 그리고 학과 교수님들도 정말 유능하셔서 배울 것이 너무 많고 잘 가르쳐 주시기도 합니다. 그리고 정말 좋은 것은 다들 인맥들이 좋으셔서 졸업하시고 취업하실 때 도움도 많이 주십니다.

Missouri State University Post-Professional Athletic Training
2017년 5월에 졸업한 곳, 미주리 주립대(Missouri State University)를 소개해 드리겠습니다. 미주리 스프링필드는 미주리 주 3대도시에 속합니다.(St. Louis, Kansas City, and Springfield) 인구는 2십만이며, 주변에 대학들이 많이 있습니다. (Drury University, Evangel University,

Southwest Baptist University, OTC, College of the Ozarks등등.) 물가는 다른 큰 도시보다 저렴한 편이며 차가 없으면 이동이 좀 불편하실 수 있습니다. 만약 스프링필드에 오시면 생활하는 데 있어서 큰 불편은 없을 것 같습니다. 우버나 리프트 같은 쉐어 라이딩도 많이 있습니다. 한인교회도 많고 한국음식점, 한국마트도 다 있습니다.

현재 미주리 주립대에는 Professional BS는 2016년부터 폐지됐으며, Professional MS, Post-Professional MS 총 2개의 AT프로그램들이 있습니다. 학비는 다른 주립대보다 정말 저렴합니다. Professional MS: $40,011/Post-Professional MS: $24,250(2018년 기준)이며 MOGO 장학금을 받으면 out-of-state fee 면제를 받을 수 있습니다. Post-professional학생들 대부분이 조교(GA)로 일 하면서 학비면제 및 생활비 지원 받습니다.

***Graduate Assistantship Locations: Missouri State University, Evangel University, Drury University, Southwest Baptist University, MSU ROTC, MSU Club Hockey, Mercy Sports Medicine - HealthTracks, Middle/High School Outreach, MSU Performing Arts

제가 졸업한 Post-professional AT 프로그램은 아기의 운동 신경발달 모델을 바탕으로 재활/도수치료를 처방하는 것에 중점을 두는 프로그램입니다.(Supine/Prone/Sitting/Quadruped/Kneeling/Squatting/Standing) 그리고 진단에 있어서는 FMS/SFMA검사를 통하여 정확한 진단/처방을 합니다. 물론 AT 임상적 판단도 함께 병행합니다. 놀라운 것은 미주리에 온 이후부터 초음파 및 저주파 같은 기계로 치료하는 방법을 전혀 사용하지 않게 되었고 주로 손을 이용한 manual therapy를 통하여 선수/환자들을 치료하게 되었습니다.

〈미국 AT유학에 반드시 필요한 자세〉
12년의 미국 유학생 경험들을 바탕으로 말씀드릴 수 있는 것은 여기서 꼭 자기자신이 직접 찾아가며 배울 마음가짐이 없다면 아마 유학생활에 돈과 시간낭비를 한다고 생각합니다. 학교 다니실 때 질문도 많이 하고 꾸준히 배우려고 열심히 노력하시는 모습을 보일 때 인정 받으실 겁니다. 그리고 나중에 미국인들과 취업경쟁을 하실 때에도 도움이 많이 될 것입니다. 저는 BSU와 MSU 다닐 때 동기들과 경쟁은 없었지만 서로서로 도와가면서 공부도하고 실습생활도 했습니다. AT 공부하면서 미국인 AT학생들 중 일도 못하고 학업에 신경을 전혀 안 썼던 몇 친구들이 생각나네요. 지금 그 친구들은 AT로써 커리어 실패하고 다른 일들을 하고 있습니다. 제 기억으로는 같이 공부할 때 다른 동기들에게도 인정도 못 받았고 다들 같이 실습을 나가는 것에 많이 꺼려했습니다. 마지막으로 정말 말씀 드리고 싶은 것은 정말 AT 실습생활 열심히 하셔야 됩니다. 그리고 미국에서 AT로써 활동준비를 하신다면 좋은 인맥과 positive reputation이 성공을 좌우한다는 것을 잊지 않으셨으면 좋겠습니다. 감사합니다.

미국 Monett, Missouri에서 **박 세 훈** 드림.

영국 버밍엄 대학교 스포츠 과학 전공

(Msc / Phd candidate in Sport, Exercise & Rehabilitation Science 최인향)

기술과 의학이 발전 함에 따라 스포츠 과학의 중요성이 대두되고 있고, 많은 병원의 심장재활 및 건강증진과 같은 분야 또한 운동 분야의 전문가를 채용하기 시작했습니다. 현대 스포츠의 본거지인 영국은 축구, 럭비, 크리켓 등 다양한 스포츠 경기 규칙을 제정한 국가로, 과학과 스포츠를 접목시킬 뿐만 아니라 다양한 스포츠 종목의 전문가 교육 과정을 체계적으로 실시하고 있습니다. Complete University Guide (2018)의 통계 지표에 따르면, 영국 스포츠과학과 졸업생 중 41% 의 졸업생이 전공과 관련된 전문직에 종사하고 있으며, 이는 영국에서의 스포츠과학이 가지는 위상을 보여주는 지표일 것입니다. 또한 축구 경기력과 더불어 선수 전문 트레이너 등 숨은 주역의 역할과 함께 영국 프리미어 리그는 세계 최고의 축구리그로 평가되고 있습니다. 이와 같은 이유로 스포츠의 종주국인 영국에서 스포츠과학을 공부한다는 것은 저에게 굉장한 메리트로 작용하고 있습니다.

제가 선택한 학교 및 전공은The Times & Sunday Times good university guide 2017의 스포츠 과학분야에서 1위를 차지하며 높은 수준의 교육과정 및 연구가 증명된 영국 버밍엄 대학교 (University of Birmingham) 의 스포츠 과학과 입니다. 버밍엄 대학교의 스포츠과학과 석사 과정은 의과대학 및 물리치료학과와 협력하여, 생체역학 (Biomechanics), 신경생리학 (Neurophysiology), 영양 및 신진대사학 (Nutrition and Metabolism), 심리학 (Psychology), 심혈관 및 호흡계 생리학 (Cardiovascular and Respiratory physiology)등 다양한 커리큘럼을 제공하고 있습니다.

이론 중심의 한국의 학부 수업과 달리, 영국은 토론식 수업과 Continuing Professional Development (CPD) 프레임 안에서 기존의 지식 및 이론을 적절한 적용을 통해 증명하고, 이에 다시 실무 경험을 이론화 하여 이론, 실습, 연구를 통합하는 과정이 주가 됩니다. 이에 따라 영국교육의 기본 교육 방침인 자기주도적 학습과 문제해결과정을 바탕으로 여러 전문 분야에서 개인의 역량을 키울 수 있도록 최소 100시간 이상의 실무 학습 경험을 독려합니다. 예를 들면, 다양한 스포츠팀 (예: Leicester city FC), 연구소, 병원, 재활센터 등에서 직접 체험하고 습득하면서 사실에 기반한 정보를 접하는 것뿐만 아니라 그룹 내에서의 각 개인이 가지고 있는 정보를 현장에 적용하는 것입니다. 또한 이 모든 과정은 사례분석과 및 문제 기반 학습을 통해 시행착오를 줄임으로써 학생들의 개인적 및 전문적인 능력을 향상시킵니다.

더불어, 영국 대학교 내 최고의 스포츠 센터를 보유하며, 세계적인 스포츠 전문가 팀이 일반 학생들의 건강관리부터 엘리트 선수의 부상과 질병으로 인한 재활 및 경기력 향상을 위한 훈련과 같은 최고의 트레이닝을 제공하고 있습니다. 전공학생들은 교내 스포츠 센터에서 전문가와 함께 국가대표선수들의 트레이닝 및 케어를 직접 경험해볼 수 있는 장점이 있으며, 관련 워크샵/코스의 기회도 주어집니다 (예: Biomechanical screening, Running gait analysis, Metabolic analysis등). 이는 과학적인 이론 및 최신 연구 동향과 발맞추어 선구적인 전문가를 육성하기 위한 교내 지원의 일환으로 볼 수 있습니다.

높은 수준의 석사 과정에서 직접 경험한 장점들은 버밍엄 대학교 박사과정 지원의 큰 동기부여가 되었고, 현재는 장애인 스포츠를 주제로 심도 깊은 연구를 하고 있습니다. 많은 영국 스포츠 유학생들이 단지 축구가 좋고, 스포츠가 좋아서 영국유학을 결심했다고 합니다. 앞서 말했듯, 영국은 스포츠전공의 교육과정이 다른 나라와 견주어 보다 높은 전문성을 보이고 있습니다. 하지만, 이 세상에 스포츠와 축구를 좋아하는 사람은 셀 수 없이 많을 것입니다. 내가 '왜' 이 공부를 하고, 어느 곳에서 '무엇을' 배우고자 하는 마음이 분명하지 않다면, 어디든 좋은 교육 환경이 아닐 것이라 생각합니다. 이에 트레이너가 되기 위한 자격증이나 그에 알맞은 교육을 이수를 넘어서, 명확한 목표 설정 아래 끊임없이 배우고 경험하며 트레이닝 전문가로 거듭나길 바랍니다.

'The doors will be opened to those who are bold enough to knock'

영국의 스트렝스 컨디셔닝 코치
(Liverpool John Moores University 대학원 김송미)

Strength & Conditioning(이하 S&C)이라는 학문이 수면 위로 떠오른지 얼마 되지 않았고, 우리 나라에서는 더더욱 생소한 분야라 주변 사람들이 '영국에서 뭐 공부해?'라고 하면 기나긴 설명을 하곤 합니다. 한국에서는 체력 코치, 스트렝스 코치, 트레이너 등 많은 이름으로 불리고 있는데, 영국에서는 Strength & Conditioning Coach라고 불립니다. 한국에서는 스포츠 재활과 AT 분야에서 유학을 간다고 하면 미국이나 독일이 대중적이지만, 저는 축구팀에서의 커리어를 이어나가고 싶었고, 축구의 본고장에서는 S&C가 어떻게 이루어지는지 보고 싶어서 영국으로 오게 되었습니다.

스포츠 종목마다 스태프 구성이 조금 상이할 수는 있지만, 영국에는 AT라는 직업이 존재하지 않습니다. 그래서 영국 사람들에게 제 이야기를 할 때면 AT가 무엇이고, 어떤 일을 하는지 설명을 덧붙여야만 했습니다. 영국에서는 Physiotherapist가 선수들의 부상과 치료를 담당하고, S&C Coach는 선수들의 퍼포먼스 향상, 부상 방지 등 트레이닝을 담당합니다. 학사 학위만 소지한 현직자들도 있지만, 스포츠 팀에서는 최소 석사 이상의 학위 소지자를 선호하는 경우가 많습니다. 그리고 영국에는 UKSCA라는 영국 내 S&C Coach 자격증이 있는데, 프로팀이나 대표팀 레벨에서는 이 자격증을 요구하는 경우가 많습니다. UKSCA 시험은 하루 종일 치러지는데 이론은 물론이고, 실기의 경우는 직접 동작을 보이면서 코칭 포인트를 설명해야 합니다. 첫해에는 지원자의 4%만 합격했을 정도로 까다로운 시험이라고 합니다.

영국에 와서 가장 놀랐던 점은 학교에서 많은 실습이 이루어지고 있다는 점이었습니다. 석사 과정은 말할 것도 없고, 학부 과정에서도 실습은 필수적입니다. 각자의 관심 분야에 따라 스포츠 팀이나 협회에서 실습을 합니다. 그래서 학사만 졸업을 해도 많은 경험을 갖추고 있는 경우가 꽤 흔합니다. 그리고 제가 다니는 학교에는 수업과는 별개로 운영되고 있는 S&C Internship 과정도 있어서, 석사 및 학사 과정 학생들이 학생 선수들과 학교 스포츠 팀을 직접 트레이닝 하기도 합니다. 학위와 자격증도 중요하지만 영국에서는 경험을 중요시하기에, 이런 시스템을 통해서 과학적 지식과 현장 경험을 모두 갖춘 전문가를 양성할 수 있는 것 같습니다.

영국의 S&C Coach는 팀 내에서 선수들의 퍼포먼스 향상을 위한 트레이닝을 담당합니다. 퍼포먼스 향상과 부상 예방을 위해서 코칭 스태프는 물론 물리치료사, 스포츠 과학자, 생리학 전문가, 영양학 전문가 등과 함께 협업 합니다. 얼핏 보면 비슷한 일을 하는 것 같지만, 한국보다 영역이 더 세세하게 나누어져 있고, 각자의 전문 분야에서 서로의 의견을 존중하며 선수들의 경기력을 향상시키기 위해 노력합니다.

미국 선수트레이닝 전공
(University of Nebraska at Omaha (UNO) 서용하)

University of Nebraska at Omaha (UNO) Athletic Training Entry Level 석사 학위를 취득하였습니다. 그 동안 EMT 며 Personal Training 등을 공부하느라 1년을 보냈고 유학자금이 떨어져 귀국 하려던 차에 홍콩의 프로축구팀에서 일할 수 있는 천운을 얻어 마침내 유학의 목적을 달성하게 되었습니다. 뒤를 돌아보면 우여곡절도 있었지만 진인사 대천명의 마음자세가 어려운 유학생활을 이겨내는데 힘이 된 것 같습니다.

일반 유학생활 후기가 아닌 직접적인 UNO 학교 생활에 대한 경험과 개인적인 의견 등을 공유함으로써 UNO 에 관심을 갖고 있거나 지원을 희망하는 분들께 도움이 되고 싶었습니다. UNO 는 석사와 학사, 두 과정을 모두 가지고 있는데 제가 석사 과정을 공부한 관계로 석사 과정에 국한해서 글을 쓰겠습니다.

우선 입학 사정부터 언급하면, 다들 알다시피 석사과정 입학요건은 TOEFL, GRE, 선수과목, 실습시간, 그리고 추천서 등의 서류 등입니다. 저는 가장 힘든 것이 TOEFL 이었습니다. 그래서 그런지 전 가급적이면 한국에서 필요한 모든 영어 점수를 만들어서 오라고 추천하고 싶습니다. 순진하게도 미국에 오면 모든 게 다 해결 될 것으로 착각하고 와서 많은 시간과 돈을 허비 했습니다. 혹자는 IBT 의 특성상 미국에서 생활하는 것이 탄탄한 기본 영어 실력의 향상과 함께 점수를 받을 수 있어 좋다고 생각할 지도 모르겠습니다만 제 사견으로는 개량된 시험이긴 하나 시험은 시험이고 막상 점수를 받으려고 한다면 미국에서도 혼자 공부하는 시간을 많이 확보해야 합니다. 그 말은 곧 한국에서나 미국에서나 혼자 공부하는 것은 마찬가지라는 것입니다.

제가 볼 때 가장 훌륭한 유학 경로는 적어도 TOEFL 점수를 받아서 UNO 가 있는 도시 Omaha, NE 에 있는 Metropolitan Community College (MCC) 에 입학하는 겁니다. Community College 는 우리네 2년제 전문대학의 성격을 갖는 대학이라고 생각하시면 되겠습니다. 이를 추천하는 이유는 강의가 4년제 대학에 비해 쉬우며-다른 말로 학점 따기가 상대적으로 용이하다는 것입니다. (물론 일반론입니다)- 가장 중요한 사항은 학비가 아주 저렴하다는데 있습니다. 한 학점당 71.5 불이고 이것 저것 다 합해도 100불이 채 안될 것으로 생각합니다. UNO 는 학부과정 학점 당 500에서 600 불 사이니 선수과목을 듣는데 굳이 UNO 를 고집할 필요는 없습니다. 당부드릴 사항은 등록 전에 디렉터, 학과장과 상의하셔서 개설 여부와 인정 여부를 확인하시길 바랍니다.

시간순을 고려하면 입학 1년 전에 유학을 오는 것이 가장 이상적입니다. 7월에 첫 학기가 시작하므로 한 해 전에 MCC 에 입학해서 부족한 선수과목 및 실습시간을 채워 입학원서 마감 시한인 명년 2월 1일 까지 마무리를 지으면 되겠습니다. 실습시간은 보통 고등학교에서 할 것으로 예상되는데 가을에 오면 미식축구 시즌이라 좋은 경험을 할 수 있고 그 고등학교 트레이너로 부터 추천서를 받으면 추천서도 한 장 해결할 수 있는데다 현장에서 필요한 영어 또한 함께 늘릴 수 있어 일거 삼득에 해당됩니다. 그렇게 차분히 미국 생활과 UNO 가 있는 도시에도 적응하면서 입학 준비를 하는 것입니다. 이 모든 것이 진행되기 위해선 앞서 말씀 드린 영어 점수가 선결되어야 합니다. 더군다나 만약을 대비해 다른 학교도 지원해야 하기 때문에 영어 점수는 꼭 만들어 오시길 당부 드립니다.

UNO 가 좋은 것이 우선 학비가 저렴합니다. 외국학생은 기본적으로 타 주 학생으로 분류되어 Resident 즉, 주거주 학생의 등록금의 두배 이상을 납부해야 하는데 UNO AT 학생들은 전원 주거주 학생의 등록금을 낼 수 있도록 장학금이 수여됩니다. 그리고 기타 장학금 혜택이 많습니다. 저 같은 경우는 첫 일년간 무상으로 다녔는데 주 거주 등록금 까지 International Program 에서 장학금을 받아 결과적으로 면제가 됩니다. 이는 아주 드문 경우가 아닌 것이 AT 프로그램 제 윗 기수 중 한 일본인 학생도 저와 같은 장학금을 International Program 에서 받았기에 운도 운이지만 고려해 볼 만한 사항임은 맞는 것 같습니다. 그 외에서 여러 장학금이 과와 학교 그리고 협회 등에 많이 있기 때문에 본인이 시작 부터 충분히 정보를 입수해서 도전한다면 좋은 성과를 거둘 수 있다고 생각합니다.

프로그램 외적으로는 학교 체육 시설도 훌륭하고 (2010년에 증축) 무엇보다 UNO 가 위치한 Omaha 가 Nebraska 에서 가장 큰 도시임에도 생활비가 상당히 저렴합니다. 일반 아파트도 타 주에 비해 저렴한 편이며 (방1 아파트 평균 550불, 방 2 아파트 평균 700불) 또한 저는 지금 미국인 아주머니 집에서 룸메이트로 한 달 계약으로 지내고 있는데 (보통 3개월 이상을 요구함) 앞으로 UNO 에 지원하고자 하는 학생들에게도 추천해 주고 싶습니다. craiglist 가 미국 생활에서 참 유용합니다. 꼭 알아두시길!

서론이 참 길었습니다. 그럼 본격적으로 UNO 석사과정에 대해 말해 보겠습니다. 석사과정에 대해 말하고 있지만 이론 공부에 관해서 학.석사의 구분은 사실 없습니다. 수업을 같이 받으니까요. 학부는 학부대로 대학원생은 대학원생대로 추가 교과목을 듣는다는데 그 차이가 있습니다. 많은 분들이 언급해 알고 계시겠지만 기본사항을 말씀드리자면 오전에는 학과 공부 그리고 오후에는 지정된 팀과 함께 호흡하면서 실습을 하게 되는 구조로 되어있습니다. 그래서 평가를 내릴 때는 두 가지를 따로 내려야 한다고 생각합니다.

UNO 프로그램은 2년 전 즉, 제가 입학 할 때 동시에 학과장이 새로 부임했는데 대단히 열정적이고 뛰어납니다. 교수 경력이 짧지만 상당히 좋은 평가를 받고 있습니다. 그리고 헤드트레이너. 올해 15년차에 들어가는 이 헤드트레이너는 Nebraska AT 사회에서 모르면 간첩일정도로 (협회장이기 때문) 많은 이들로 부터 존경과 실력을 인정받고 있는 사람입니다. 새 학과장이 오기 전 학생들 입에선 "UNO 프로그램은 Rusty 다." 라고 할 정도로 프로그램에 절대적인 영향력을 가지고 있었습니다. 이제는 새 학과장으로 인해 새로운 하나의 축이 더 생긴 것이죠. 이 두 사람이 AT 프로그램의 핵심 교과목들을 가르치며 프로그램을 이끌어 나간다고 해도 과언이 아닙니다. 그래서 저는 교과과정과 수업에서 A 를 주고 싶습니다.

다음은 실습입니다. 실습 요건은 상지 부상 종목, 하지 부상 종목, 여자 종목, 남자 종목, 장비 착용 종목, 그리고 고등학교를 모두 이수해야 졸업 할 수 있습니다. 하나씩 따지면 6학기를 해야 하나 가령 장비 착용 종목인 미식축구를 고등학교에서 이수하면 한 학기에 두 가지 요건이 충족되고 상지 부상 종목인 테니스를 여자 팀과 하면 이도 한 학기에 소화가 가능해서 4학기 혹은 3학기 만에도 실습 요건을 충족시킬 수 있습니다. 기본적으로 일주일에 20시간에서 30시간을 요구 받고 졸업 이수 실습 시간은 1000시간 입니다. BOC 에서는 800 시간을 요구하는 것으로 아는데 내규는 다릅니다. 실습에서 고려해야 할 것은 여러 가지 있을 수 있는데요. 그 중에 하나가 종목을 담당하고 있는 트레이너 입니다. 많은 부상을 경험할 수 있는 미식축구가 좋은 종목이긴 하나 트레이너가 형편없다면 배우는 것은 크게 떨어질 것입니다. 과거 UNO 에 미식축구가 있었을 때 담당 트레이너가 악평을 듣고 있던 트레이너라 거의 독학 해야하는 수준이었습니다. 2011년 봄 학기에 학교에 미식축구와 레슬링이 없어지고 남자 축구와 골프가 신설되어 이 두 팀을 그 트레이너가 맡기로 되어있습니다. UNO 가실 분들은 참고 하시길 바랍니다. 각각의 트레이너들의 장.단점 그리고 좋은 고등학교를 일일이 소개하는 것은 지극히 주관적이므로 배제하겠습니다. 분명한 것은 장래 계획을 분명히 세워 그에 맞는 경험을 쌓아야 한다는 것입니다.

마지막으로 AT 유학과정을 희망하는 모든 분들께 당부하고 싶은 말은 아는 만큼 보이고 아는 만큼 배울 수 있습니다. 기본기가 튼튼하면 더 많이 배워갈 수 있을 것이고 무엇보다 중요한 영어가 탄탄할 수록 생활이 즐겁고 배움도 클 것입니다. 나아가 미국 AT 과정은 기본적인 선수트레이너가 갖추어야 할 지식과 기술을 가르칩니다. 물론 지정된 종목의 트레이너로 부터 독특한 기술과 지식을 습득할 수 있겠으나 그것은 예외로 치고, 프로그램에 너무 큰 기대와 환상을 갖지 말고 정석을 배운다는 자세로 한땀 한땀 뜨는 마음가짐이 올바르다고 생각합니다. 그럼 유학을 준비하는 모든 분들의 건투를 빌며 유학 설명회 등 한국에서 기회가 되면 뵙겠습니다.

미국 선수트레이닝 전공
(Brigham Young University 대학원 이현욱)

아직 미국에서 공부하고 있는 학생으로써 이미 유학을 마치고 여러 곳에서, 여러 방면으로 일하고 계신 선배님들의 의견보다는 부족하겠지만, 미국에서 2년 동안 공부하고 경험한 이야기를 공유해서 미국에서 공부하기를 원하는 분들에게 조금이나마 도움이 되기를 원한다.

Athletic Training, 스포츠를 좋아하는 사람이라면, 운동선수들과 함께하는 시간을 즐기는 사람이라면 직업의 이름만으로도 충분히 흥미를 끌 수 있는 직업이다. 어린시절 운동선수가 되고 싶었고, 여러 사정에 의해 그만두게 되었지만 스포츠와 관련된 직업을 가지고 싶다는 생각은 바뀌지 않았다. 스포츠와 관련되어 여러가지 직업이 있지만, 그 중에 선수들과 바로 옆에서 같이 생활하고 호흡하며 지낼 수 있는 AT가 나에게는 가장 큰 매력으로 다가왔고, 그때부터 조금씩 AT가 되기 위한 준비를 시작했다.

한국에서 대학입시를 준비할 때는 유학에 대한 생각을 하지 않았기 때문에 한국에서 관련된 공부를 할 수 있는 스포츠의학을 선택했다. 대학에서 공부를 하면서 한국에서 '트레이너'의 직업군이 굉장히 모호하다는 것을 알게 되었다. 수많은 협회들에서 여러가지 교육들을 쏟아내고, 그 이후에 자격증을 뿌리는 모습들에 정말 놀라지 않을 수 없었다. 도대체 어떤 협회, 어떤 교육을 들어야 "Athletic Trainer"가 될 수가 있는건지 알 수 없었기에 혼란스러웠다. 심지어 누군가는 아무런 자격증 없이 pro-level에서 트레이너로써 일하고 있었다. 물론 그 트레이너분들의 실력을 의심하지는 않는다. 실력이 없다면 수많은 경쟁에서, 그리고 팀에서 살아남지 못하셨을테니. 하지만, 나는 그저 내가 가지고 있는 직업이 확실한 이름, 목적, 그리고 역할이 정해져 있기를 바랄 뿐이었다. 그때부터 미국시스템을 알아보기 시작했다.

미국도 마찬가지로 athletic trainer이라는 자격증을 국가에서 인정하지는 않는다. 하지만 AT가 되기 위해서는 Board of certification (BOC)이라는 단체에서 인정해주는 프로그램이 있는 학교에서 2 또는 3년 과정을 졸업해야 한다. 그 뿐만 아니라 BOC에서 출제하는 시험을 통과해야만 certified athletic trainer (ATC)가 될 수 있다. 그리고 AT를 고용하고 싶어하는 스포츠팀에서는 자격증을 취득한 ATC만 고용한다. 한국과는 가장 크게 다른 점이라고 할 수 있다.

유학을 가겠다고 다짐을 하고 나서부터, 미국에서 공부를 하면 정말 많을 것을 배우고 한국에서 배웠던 것 보다 더 많은 것을 보고 경험하며 실력을 늘릴 수 있다는 마음이 부풀어 올랐다. 그 기대에 부응할 만큼 미국에 있는 2년 동안 정말 많은 것을 배우고 경험했고, 이제는 ATC가 되어 sports medicine facility에 고용되어 일을 하면서 학교를 다니고 있다. 한국과 미국의 교육환경을 직접적으로 비교를 할 수는 없다.

스포츠시장 자체가 비교가 안되고, 미국은 ATC를 길러내는 교육단체가 있기 때문이다. 하지만, 교육의 커리큘럼이 아닌 '질'을 생각했을 때는 한국도 절대 뒤지지 않는다는 생각이 들었다. 한국에서 이미 배웠던 지식이 미국에서 더 높게 느껴질 때가 있었고, 요즘 한국에서도 최신 지식과 장비를 사용해서 선수들을 관리하고 있는 모습을 많이 봤기 때문이다. 위에서는 조금은 부정적으로 수많은 협회와 교육을 언급했지만, 그 교육들의 질을 부정적으로만 얘기한 것이 아니다. 그 교육들을 통해 충분히 많은 지식을 얻을 수 있다. 하지만 중요한 것은 그 수많은 지식과 스킬들을 어떤 식으로 정리하고 사용해야 할지는 본인이 노력해야 한다.

개인적으로 이렇게 말하고 싶다. 단순히 더 많은 지식을 얻기 위한 유학이라면, 한국에서도 충분히 많은 지식들을 더 이해하기 쉬운 "한글"로 공부할 수 있다. 하지만, AT로써 정확한 직업군을 가지고, 더 큰 스포츠 환경을 경험하고 싶다면 유학을 추천한다.

많은 선배님들이 이미 유학을 마치고 이곳 저곳에서 AT로써 혹은 대학교수로써 sports medicine filed를 확장하기 위해 노력하고 계신다. 유학을 고민하고 있다면, 유학을 경험한 선배들의 조언과 이야기를 충분히 많이 들을 수 있을 것이다.

독일의 선수 트레이닝
(독일 퀼른체대 대학원 김지연)

처음 독일로 유학을 떠난다고 했을 때 많은 사람들이 했던 질문이 '대체 왜?' 였습니다. 한국에서 우리가 평소 접해왔던 선수트레이너(이하 AT)는 '미국'의 이미지와 훨씬 더 가까웠기 때문일 겁니다. 하지만 제가 유학지로 독일을 선택했던 건 특정종목에 국한되지 않은 다양한 스포츠를 제 스스로 접할 수 있다는 장점과, 그만큼 많은 사람들이 일상에서 스포츠를 즐기고 있다는 것이었습니다. AT에게 필수인 해부학, 생리학적 지식과 더불어 실제의 직접적인 스포츠 활동의 경험까지 갖춘다면, 다양하고 유연한 트레이닝 방법의 구상과 적용에 도움이 될 것이라는 믿음이 있었기 때문입니다.

독일 내의 스포츠 팀에서 AT로서 일하려면 체육계열 전공자로 대부분 석, 박사학위 이상의 학위와 다양한 자격증 취득을 통해 자격을 증명해야 합니다. 한국과 달리 독일에서는 학부와 석사과정 중 실습시간이 필수이므로, 본인이 관심이 있는 분야를 학위과정 중 실습을 통해 심도있게 접할 수 있고, 따라서 이러한 과정 이후 AT라는 직업을 갖게 되었을 때 필드에서 마주치게 되는 시행착오를 줄일 수 있습니다. (실습은 학교나 전공에 따라 다르지만, 보통 120시간-180시간 등이고, 대부분 개인의 심화전공에 따라 병원, 재활센터, 스포츠 팀, 협회나 재활단체, 연구소 등에서 방학 등을 이용해 집중적으로 하는 것이 보통입니다.)

독일에서 '트레이너' 라고 말하는 직업은 대부분 감독이나 코치 등의 코칭스태프를 일컫는데, 점점 AT를 따로 두고 있는 팀들도 늘어나고 있는 추세입니다.

제가 학부생 시절 한국의 많은 스포츠 팀에서 한 명의 AT에게 선수의 부상예방, 컨디셔닝, 퍼포먼스, 재활 등의 전반적인 선수관리를 맡기는 것을 보았습니다. 물론 개인적으로는 AT로서 넓은 스펙트럼을 다 케어 할 수 있는 멀티 플레이어라면 가장 이상적인 AT라고 생각하지만, 최소한 시즌을 다수의 선수들을 관리해야 한다는 부담과 많은 업무량에 놀랐습니다.

독일에서는 코칭스태프를 비롯하여 팀 닥터(의사), 물리치료사, AT, 재활트레이너, 체육을 전공한 다양한 분야의 전문가(생리학, 심리학, 영양학 등)들이 유기적으로 선수들을 관리하고 있습니다. 이들은 해부학, 생리학 등의 공통의 배경지식을 통해 선수들의 스트레스 관리, 부상 예방과 재활의 전반적인 영역(수술과 비수술적인 치료 등)을 통해 경기력 향상과 유지에 힘쓰고 있습니다. 한국보다는 세세하게 영역이 나누어져 있고, 트레이너들은 각각 자신이 담당하는 분야의 전문가로서 서로의 의견을 존중하며 더 나은 방법을 모색하기 위해 노력합니다. 다른 시스템을 가진 독일이기에 한국과 1대 1로 비교할 수 없지만, 독일에서 AT의 역할은 주로 선수들의 전반적인 체력관리와 퍼포먼스에 집중되어 있다고 볼 수 있습니다.

해외 트레이닝 사례 (미국)
조승현 (Doctor of chiropractic, 현 팔머 메디스포츠 대표)

해외 트레이너를 하려고 하면 무엇을 준비 되어야 하나요?
먼저 외국에서의 트레이너 생활에 대해서 무엇인가의 로망을 가지고 그것을 준비하려는 사람들도 있을 것이다. TV에서만 보던 유명 스포츠 그 중에서 미국이야 말로 모든 스포츠 산업의 정점에 있는 곳이기 때문이다. 하지만 현실에서 무엇을 준비하여야 하는지 어떤 방법이 있는지 알 수 있는 곳도 알려주는 곳도 없다. 여기에서 혹 미국에서의 선수트레이닝의 길을 꿈꾸는 미래의 선수트레이너에게 조금만한 길잡이가 되었으면 한다.

1. 기본 준비
공인된 선수트레이너가 되려면 먼저 미국 내에 있는 체육교육 인증위원회의 정식인가를 받은 (CAATE) 대학에서 학사나 석사이상의 자격을 따야 한다. 이 프로그램 안에서는 당연하게 실습이 제공되고 임상경험을 겪은 뒤에 졸업을 하여서 ATC 자격증을 취득을 해야 한다. 그리고 그에 따른 인턴과정과 실습과정이 되면 취업공지를 보고 직업을 얻으면 된다. 그러므로 첫 번째 준비해야하는 곳이 자신이 결과를 얻을 수 있는 학교나 대학원 박사과정을 알아보는 정보에서부터 시작을 해야 될 것이다.

2. 영어
첫 번째는 영어이다. 일단 교과서적인 영어 뿐 아니라 영어로 대화를 해야 하는 것에 아주 막힘 없이 이야기 하지는 못하더라도 급한 상황에서 실 수 없이 영어로 말할 수 있는 정도는 되어야 겠다. 혹 나에게 물어보는 사람이 영어점수는 없는데 학교에서 들어가서 졸업하면 직업을 얻을 수 있는가 하고 물어본다. 한번 생각해보자 시합 당일 선수가 몸 상태에 대해서 말했는데 오해해서 그 선수에게 피해를 주는 경우 책임을 질 수 있겠나? 선수트레이너라는 직업은 어느 직업 군 보다 대화를 많이 해야 하는 직업이다. 이 선수 운동만 시키고 재활운동만 시키는 것뿐만 아니라 이 사람의 결과를 만들어 내기 위해 심리적, 체력적, 생리적으로 모든 도움을 주어야 한다.

3. 트레이너의 공부 방향
공부는 끊임없이 해야 한다. 일단 공인 인증프로그램의 대학을 졸업을 하고 보드(시험)를 통해서 자격을 얻을 때 운동훈련을 5가지 영역에서 보는데 그 5가지 영역을 이야기 하는 게 맞는 것 같다. 이 다섯 가지는 다음과 같다

1-운동 부상 예방 및 건강 증진 2- 운동 상해의 인식, 평가 및 진단 3-운동 상해의 즉각적인 치료 및 응급 처치 4-운동 상해의 치료 적 중재, 재활 및 재조정 5-건강관리 및 전문적인 책임 이 같은 방향으로 공부하고 자격시험을 통과해서 ATC라고 불리게 된다.

그리고 그 자격을 얻은 뒤에도 계속되는 공부를 통해서 알면 알수록 도움이 되는 것이 너무나도 많다. 다양한 시각에서 다양한 세미나 및 학회 저널 등을 공부하면서 계속적인 업데이트가 되어야 한다. 또한 AT 가 된 후에 바로 해야 하는 것이 매년 응급심폐소생술 자격을 갱신해야 하고 일 년에 최소 75시간의 교육을 이수를 해서 계속적인 교육이 되었다고 인정을 받아야 한다. 이런 교육은 세미나, 혹은 워크숍 등으로 유지를 해야 한다.

4. 경험담

미국에서 나의 직업은 카이로프랙틱 닥터이다. 한국보다는 좋은 조건으로 일을 할 수 있는 직업이었고 그 직업과 한국 내에서 스포츠 의학을 전공을 해서 처음부터 선수트레이너를 초점을 두고 미국에서의 공부를 하겠다고 결심을 했다. 처음 미국에 가기 전에 나름대로 골프 체력트레이너가 나중에는 많이 필요하겠다는 생각만하고 막연하게 지금 생각해보면 2년이면 어느 정도의 영어가 될 줄 알았고 그 뒤에 무작정 유명 트레이너를 찾아가서 밑에서 일하면서 배우겠다고 지금 생각해보면 너무나도 어처구니없는 생각으로 미국으로 가게 되었다. 시간을 지나면서 수많은 전자 우편을 외국 유명 트레이너에게 보냈고 그 중에 내가 더욱 전공을 공부해야겠다는 생각이 들었고 처음 내가 말한 것처럼 정식 교육을 받지 않은 상태에서 팀이나 개인 트레이너의 기회를 가질 수 없다는 것을 알고 미국 내에 있는 카이로프랙틱 대학을 가게 되었고 거기에서 4년 반이라는 시간을 카이로프랙틱 의사면허와 미국 트레이너의 면허를 따게 되었다. 그리고 나서 nike 에 주최한 골프세미나, 그리고 미국 USGTF 티칭 프로의 세미나를 통해서 알게 된 지인의 소개로 미국 아마추어 골프 선수단을 맡게 된 것이 처음의 선수트레이너의 삶이 된 것이다.

기본적인 병원이나 센터 그리고 운동 팀에 속해져 있는 사람들은 근무시간이 보통은 아홉시나 시작해서 여섯 시정도에 끝나는 경우가 많다. 하지만 내가 맡은 팀의 특성에 따라서 선수트레이너의 삶은 달라질 수 있다. 일단은 아침 다섯 시에 일어나서 센터에 나가서 선수들의 상태를 생각해서 운동을 할 것을 준비했다. 매번 달라지겠지만 골프선수들 특히 아마추어 선수들 같은 경우 학업과 같이 진행되는 경우가 많았다. 그렇기 때문에 아침 일과 시작 전에 운동을 하고 학업이 끝난 경우에 운동을 하고 그 후에 마무리 운동을 도와주는 것으로 진행되었다. 일단 아침에 코치들의 특별지시나 몸 상태의 점검의 특별한 상태가 아닐 경우를 확인을 한다. 그리고 나서 그 들의 목적에 맞는 운동을 실시하곤 한다. 한국과의 다른 상황이라면 운동선수들의 선택이 코치들의 일반적인 지시가 아니라 항상 코치들과 선수트레이너와의 상담으로 통해서 진행된다는 것이고 무엇보다도 그 선수들의 상태를 직접적으로 가장 조언을 많이 할 수 있는 경우가 많다. 그래서 선수들 컨디션에 대해서 말을 할 때 가장 주도적으로 이야기 할 수 있는 위치와 기회가 있다.

부상 같은 경우는 더욱 그렇다 시합 중에 그리고 시합 준비 중에 부상이 나면 일차적으로 선수 트레이너에게 선택권이 주어진다. 그래서 선수들을 병원으로 바로 보낼지 상황을 볼지 조치를 어떻게 하고 병원으로 정밀검사를 받을지 모든 선택은 선수트레이너에게 주어져 있고 어떻게 보면 너무나도 큰 책임이 선수 트레이너에게 있다. 그래서 모든 경우의 수 모든 선수들의 부상 나올 수 있는 상황에 대한 사전지식을 알아야 할 것이다.

내가 선수 트레이너 하면서 어떻게 보면 어떤 운동을 통해서 이 사람의 결과를 더욱 좋게 만드는지도 중요하지만 더욱 중요한 것은 어떤 것을 통해서 이 선수를 부상 없이 퍼포먼스를 하느냐가 더욱 중요하게 여겨진 것 같다.

5. 그 밖의 것
- 그리고 무엇보다 선수 트레이너로서 열정이 있어야 한다. 어떻게 보면 선수들의 노력을 옆에서 가장 느껴야 하고 조금 더 일찍 일어나고 조금 더 늦게 자서 준비를 해야 한다. 하지만 자신은 선수들에 비해서 조명을 받지 못할 수 있고 인정을 못 받을 수 있다. 하지만 선수트레이너라는 직업은 그런 것들과 별개로 선수들은 알고있다. 자신을 만들어주고 도움을 주는 사람이 그리고 위대한 선수들에게는 선수 트레이너라는 사람이 있다는 것을. 그래서 이런 사실에 대해서 자부심을 느낀다면 굉장히 멋진 일이 될 수 있다.

선수트레이너의 운동선수와 도핑의 이해
최근훈(Ph.D)

자신의 몸을 무기로 삶을 살아간다는 것은 매우 가치 있고, 또 어려운 일이다. 운동을 조금이라도 해본 사람은 쉽게 이해할 수 있을 것이다.
비 내리는 밤에 먹는 막걸리와 파전, 일과 후 TV를 보며 먹는 시원한 맥주와 치킨, 동료들과의 회식… 자신의 몸을 위해 나의 기본적인 욕구를 억제한다는 것이 얼마나 힘든 것인지를….
운동선수로 산다는 것은 엄청난 노력과 끈기 거기에 자신의 본능을 억제할 수 있는 강인한 정신 자세와 긴장의 연속이다. 매우 힘든 삶의 연속이다.
여기에 더하여 좋은 결과 까지 얻어내야 한다는 정신적 고통은 무엇으로도 설명하기 힘든 어려움일 것이다. 좋은 성적을 내는 선수도, 성적이 좋지 않은 선수도, 좋은 컨디션을 유지하고 있는 선수도, 슬럼프에 빠진 선수도 모두 더 나은 컨디션과 신체 능력, 이론부터 도출되는 좋은 성적을 기대하고 또 갈망할 수밖에 없다.
꾸준한 자기 관리와 노력에서 파생되는 좋은 컨디션과 신체 능력은 지속적인 노력의 결과이며, 자신의 욕구를 억제한 결과물이다. 하지만 "단시간 만에 이러한 피나는 노력 없이 자신의 능력을 끌어낼 수 있다면?"이라는 유혹이 다가 온다면. 이 방법이 비록 부적합한 방법이고 자신의 몸에 해를 끼칠 수 있다 하더라도 운동선수라면 누구나 관심과 흥미를 가질 수밖에 없을 것이다.
바로 여기서 도핑의 유혹은 시작된다.

도핑이란
"어느 특정 경지가 또는 경기 단체가 약물이나 물리적 방법 혹은 어떤 다른 방법을 사용하여 경기에 대하여 생체의 체력적 또는 생리적 능력을 변화시키기 위하여 행하는 부정행위라고 정의되어 있다."
도핑을 법적으로 제한하고 있는 이유는 크게 두 가지로 볼 수 있다. 하나는 공정한 경쟁을 위한 것이고, 또 하나는 선수의 안전을 위한 것이다.
공정한 경쟁을 위한 반 도핑(anti-doping)은 선수라면 누구나 공감할 것이다. 부정한 약물 또는 방법을 통하여 자신의 경기력을 올려 경쟁에서 승리한다는 것은 스포츠 정신에 위배되는 것이고, 자신과 경쟁한 선수들의 부단한 노력을 한순간에 무의미한 것으로 만들어 버린다고 해도 과언은 아닐 것이다. 이에 대해 반박하거나 이의를 제기하는 이는 없을 것으로 생각된다.

이와 같이 누구나 공감하는 문제지만, 더 높은 목표를 쫓아가는 운동선수의 입장에서 욕심과 유혹이 따르는 것은 어찌 보면 당연한 것이다. 이러한 욕심과 유혹을 이겨내고 순전히 자신이 가지고 있는 무기만으로 경쟁에 참여할 수 있도록 조금이나마 도움을 주고, 이에 대한 이해를 돕기 위하여 글을 쓴다.

아래의 대표적 사례를 통해 도핑 금지 목록상의 물질들이 체내에 어떻게 작용하여 신체 기능 및 운동 능력을 향상시키는지에 대하여 알아보자.

71

2016년 1월 스포츠 현장에서 가장 핫한 도핑 이슈가 되었던 물질, 바로 멜도니움이다.
테니스 선수 마리아 샤라포바가 가족력인 당뇨병과 감기 예방 및 치료를 위해 10여 년간 꾸준히 주치의로부터 처방 받아 복용한 멜도니움은 동유럽 국가에서만 시판되고 있는 약물이며, 2016년 WADA(World Anti Doping Agency: 세계도핑방지기구)의 금지 약물 목록에 새롭게 추가된 약품이다.
이 약품은 협심증이나 심근 경색 등 심장 질환과 관련된 치료에 사용되고 있다. 특히, 2005년 연구 결과 만성적 심부전 환자에 있어 운동 능력과 말초 순환 기전을 개선해 준다는 보고가 있으며, 2008년, 2010년 몇몇 연구들을 통하여 심부전 환자에 있어 운동 능력을 개선시켜 준다고 보고되어 왔다.

"멜도니움은 혈관 확장을 통한 혈액의 흐름을 원활히 해준다."

멜도니움은 기본적으로 혈관 확장 작용을 한다. 혈관 확장은 근육으로의 산소 공급을 원활히 해 주고, 또한 운동 중 발생된 산성 물질, 피로 물질 등의 제거를 위한 기타 여러 인체 기관들로의 혈액 흐름도 원활히 해줌으로써 직·간접적으로 운동 능력의 향상에 도움을 줄 수 있다.
동유럽 국가들에서는 과거부터 많이 사용되어 왔으나, 미국식품의약품안정청(FDA)로 부터는 어떠한 종류의 장애에도 멜도니움 성분을 사용해도 된다는 승인을 받지 못했다. 즉, 이 약물에 대한 안전성이 100% 입증되지 못했다는 이야기이며, 어떠한 부작용이 발생하는지 확인은 되지 않았으나, 인체에 온전히 무해한 물질이 아니라는 것이다.

멜도니움은 WADA의 도핑 금지 항목 중 'S4. 호르몬 및 대사변조제'에 해당하는 물질로, 2015년 모니터링 프로그램으로 경기기간 중과 경기기간 외 금지에 해당하는 감시 대상에 속해있었다. 모니터링 프로그램이란 세계도핑방지규약(WADC) 4.5항에 있는 규정으로, "세계도핑방지기구(WADA)는 다른 가맹기구 및 각국 정부와 협의하여 금지목록에는 없으나, 스포츠에서 약물남용의 유형을 찾아내기 위하여 세계도핑방지기구가 감시하고자 하는 약물에 대한 감시프로그램을 수립한다."라는 규정이다.
즉, 이 물질이 약물 남용, 도핑에 사용될 수 있는 가능성이 있다고 사전에 제시하고 있는 내용인 것이다.
비록 선수는 자신의 질환에 대한 치료 또는 예방을 위하여 사용하였고, 또한 이 물질이 금지 목록에 포함된 것을 인지 못하였다고 하나, 사건이 발생한 이후의 "몰랐다."식의 표현은 어떠한 변명도 되지 못할 뿐더러 비난만을 가중 시킬 뿐이다.

대다수의 도핑 규약 위반 선수들의 반응은 "나는 몰랐다."로 일관된다. 이와 같은 난 몰랐다는 선수의 반응은 자기 자신에 대한 무관심과 선수로써 의무를 다하지 못한 결과라고 필자는 생각한다.

실제로 몰랐을 수도 있다. 하지만 어떠한 경우에도 이는 변명이 될 수 없다.
아시아 지역에서 선수 생활을 하고 있다면 이 부분에 대해 좀 더 세심한 주의가 필요하다. 바로 한약과 한의학적 지식에 기반을 둔 민간약의 존재 때문이다.

필자는 0000년 KADA(한국 도핑방지 위원회)의 의뢰를 받아 국내에서 많이 사용되고 있는 운동선수 대상 처방 한약의 성분 중 도핑 금지 성분에 대한 연구를 진행하였고, 그 결과 미량이나마 도핑 금지 목록의 물질이 검출된 경우를 보고하였다.
양약의 경우 유효 성분 중심의 처방이 내려지므로, 금지 약물 또는 금지 성분으로 명확히 구분할 수 있으나, 한약 또는 민간 처방 약의 경우 복합 약재를 혼합·가공 과정을 거치게 되어, 명확히 어떤 성분을 포함한다 또는 어떤 성분이 만들어 질 수 있다는 것에 대한 기준이 없는 상태이다.
이러한 불확실성에 더하여 대부분 부모님 또는 주변 지인을 통해 약을 추천 받아 복용하게 되는데, 특히 어린 학생 운동선수의 경우 이러한 경로를 통한 복용이 많이 일어나고 있다.
한약 복용 자체가 문제되는 것은 아니다. 하지만 선수 본인이 어떤 약 또는 약재를 어떠한 가공 과정을 거쳐 먹는다는 것을 모른다는 것이 문제이고, 이 역시 분명한 운동선수 자신의 의무에 대한 책임을 지지 않은 것이라는 인식이 결여된 것이 문제라고 생각한다.
도핑과 관련된 문제는 비단 선수 본인만의 문제는 아니다. 선수의 부상을 관리하는 팀 주치의와 선수를 직접적으로 케어 하는 AT의 공동 책임이자 함께 관리해 나아가야 할 문제이다.

스포츠의 발전과 더불어 선수와 경기 이외에 주변 환경 역시 중요한 경기 요인으로 발전해 오고 있으며, 선수가 최상의 컨디션을 통해 최상의 경기력을 발휘할 수 있는 밑바탕으로 AT의 역할 역시 중요하게 인식되고 있다.

선수의 도핑 안전 문제 역시 이러한 AT에 의해 관리되고 있는 것이 현재 우리나라 스포츠 현장의 현실이다. 선수와 가장 가까이에서 가장 많은 정보를 공유하며, 유용한 지식을 제공 받을 수 있도록 선수들은 많은 부분 AT에 의존하고 있는 것이 사실이다.
이러한 현실 속에 AT는 분명히 선수로써 성공할 수 있도록 지원을 해주어야 하며, 도핑 관리 역시 이들의 역할 중 하나로 인식되고 있다.
이에 AT는 도핑의 개념을 명확히 이해하고, 매년 새롭게 갱신되는 도핑 금지 목록의 물질과 이를 포함하고 있는 약물 또는 방법에 대해 인지하여야 한다. 단순히 선수의 물리적 경기력 향상 관리 차원에서 나아가 생리학적 관리 역시 AT의 역할로 확대되고 있으며, 절대 간과하여서는 안 된다.
많은 경우 도핑 검사 현장에 선수의 동반인으로 AT가 함께 자리한다. 이들은 선수가 복용한 약물에 대해 모두 기억하고 있어야 하며, 현재 어떠한 치료를 받고 있으며, 어떤 음식, 기능성 보조제 등을 섭취하고 있다는 모든 내용을 파악하고 있어야 한다.

또한 TUE(Therapeutic Use Exemption: 치료목적 사용 면책)를 위한 절차상의 문제 역시 명확히 알아야 한다.

앞서 언급하였듯이 도핑에 있어서 '난 모른다.' 식의 대응은 절대 용인되지 않는다. 이에 대해 선수에게 경각심을 불러 일으켜 주고, 또한 무지에 의한 어이없는 문제가 발생되지 않도록 AT는 배경 지식을 갖추고, 나아가 선수가 도핑에 대한 부정을 저지르지 않도록 지식 기반의 도핑방지자 역할을 해주어야 하며, 이러한 역할이 앞으로의 AT의 필수 덕목 중 하나가 될 것이며, 이에 대한 철저한 준비가 반드시 이루어 져야 한다.

1%의 차이, 스포츠심리학
경기스포츠과학센터 연구원 김한솔

2010년 2월 23일 밴쿠버 동계 올림픽 여자 싱글 피겨스케이팅 경기장. 세상의 이목은 아시아에서 온 두 명의 소녀들에게 집중되었다. 서로 라이벌이라 불리며 매 경기마다 1,2위를 다투던 김연아와 아사다 마오, 그들의 쇼트 프로그램 경기가 펼쳐졌다. 30명의 선수들 중 공교롭게도 두 선수의 순서가 앞뒤로 붙었다. 먼저 나온 선수는 일본의 아사다 마오. 트리플 악셀이라는 강력한 기술에 트리플 토루프까지 연달아 성공하며 73.78이라는 점수를 기록했고 관중들의 환호를 자아냈다. 그 환호 속에서 김연아 선수는 담담히 자신의 순서를 맞이한다. 007 테마 메들리에 맞춰 매혹적인 연기를 마친 김연아는 아사다 마오 보다 무려 약 5점이나 높은 78.50점을 받으며 세계 신기록을 세운다.

2일 후 열린 프리 스케이팅 경기. 운명의 장난처럼 김연아와 아사다 마오의 순서가 다시 앞뒤로 붙는다. 이번에는 김연아가 아사다 마오 보다 먼저 경기를 치른다. 모든 기술을 실수 없이 마쳤다는 의미의 '클린' 연기를 펼친 김연아는 터질 듯한 관중들의 함성 속에서 눈물을 터뜨린다. 점수는 150.05. 역시 세계 신기록이었다. 남자 싱글 경기에나 나올 법한 점수였다. 완전히 뒤바뀐 처지. 아사다 마오는 김연아를 위해 쏟아지는 함성 속에서 연기를 시작한다. 실수가 연발되었고 몇몇 점프는 타이밍을 놓쳐 뛰지 못했다. 김연아보다 20점 가까이 뒤쳐진 점수로 아사다 마오는 2위에 그쳤다. 2010년 밴쿠버 동계 올림픽 여자 싱글 피겨스케이팅 월드 챔피언은 김연아였다.

비슷한 기량을 가진 선수들의 순위를 가르는 것은 결국 경기 상황에서 얼마나 실력을 발휘하는지에 달려있다. 연습한 만큼 실력을 발휘하는 선수도 있고, 실력 이상의 경기력을 보이는 선수도 있고, 안 할 수 있었던 실수를 범하는 선수도 있다. 김연아와 아사다 마오가 경기 상황에서 보여줬던 경기력을 결정하는 것은 무엇이었을까.

위대한 발명가 토마스 에디슨의 명언이 있다. 그는 천재는 99%의 노력과 1%의 영감으로 이루어진다고 했다. 우리는 그 말의 의미를 '위대한 업적을 이루는 것에 있어 재능은 1%에 불과하다. 피나는 노력이 수반되어야 결국 꿈을 이룰 수 있다'정도로 이해하고 있다. 틀린 말이 아니다. 김연아도, 박지성도, 장미란도, 박찬호도 재능만으로 만들어진 선수가 아니다. 천부적인 재능만큼, 셀 수 없는 노력의 시간들이 그들을 만들었다. 그러나 최근, 에디슨의 명언이 재해석 되고 있다.
"99%의 피나는 노력은 누구나 한다. 그러나 나는 남들이 가지지 않은 1%의 영감을 가지고 있다. 결국 목표를 이루는 것은 마지막 1%의 영감이다"

국가대표가 되기 위해, 대회에서 메달을 얻기 위해, 경기에서 상대를 이기기 위해 선수들은 누구나 피나는 노력을 한다. 노력하지 않는 선수는 없다. 하지만 그 중 극히 일부만 목표를 달성한다. 일부 스포츠과학 연구자들은 그 차이와 요인을 선수의 '멘탈'에서 찾기 시작했고, 차이와 요인에 변화를 준 후 선수들의 성적에도 변화가 오기 시작했다. 그 학문은 '스포츠심리학'이라고 불린다.

스포츠심리학의 의미
넓은 의미에서의 스포츠심리학은 운동학습(motor learning), 운동제어(motor control), 운동발달(motor development) 그리고 스포츠심리학(sports psychology)으로 분류된다. 엘리트 선수들의 경기력 향상을 위한 '멘탈'은 좁은 의미의 스포츠심리학에서 다룬다. 선수이기 이전에 한 명의 사람으로서 행복한 삶을 살 수 있도록 돕는 것부터, 경기 상황에서 모든 것을 발휘할 수 있도록 동기부여, 목표설정, 루틴, 이미지트레이닝 등 여러 가지 방법으로 현장에서 적용되고 있다.

연구자의 특성에 따라 미술치료, 코칭, 최면 요법 등 다양한 심리상담 분야와 접목되어 선수들의 경기력 향상에 도움을 주기도 한다. 필자의 경우 팀 스포츠 종목 선수들을 대상으로 집단 상담을 진행하여 선수 개인의 성장뿐만 아니라 선수들 간의 의사소통, 응집력, 상호 이해를 증진시켜 팀 전체가 성장할 수 있도록 도움을 주고 있다. 필요한 경우 선수 개인 상담을 진행하여 개인이 가진 어려움을 분석하고 이를 바탕으로 심리 지원 프로그램 적용한다.

스포츠심리학의 역할
선수들이 가장 많이 호소하는 심리적 어려움은 경기 상황에서의 지나친 긴장감이다. 연습 시에는 문제없이 수행되는 기술이 경기 중에는 긴장으로 인해 잘 이루어지지 않는 것이다. 다이빙, 야구에서의 투구와 타격, 골프 등과 같이 높은 수준의 순간 집중력이 필요한 종목의 경우에는 미세한 차이에 의해 경기의 결과가 바뀌기도 한다. 또한 축구, 복싱, 마라톤 등 긴 시간 집중력을 유지해야 하는 경우엔 잠깐의 집중력 저하가 치명적인 실수로 이어지기도 한다. 더욱 중요한 것은, 직전의 수행에서 최고의 기술을 펼쳤건 실수를 범했건 그 여운에서 빠르게 벗어나 다음 수행을 위한 평정심과 집중력을 찾는 것이다. 긴장으로 인해 이러한 흐름이 원활하지 않을 경우, 좋은 결과를 얻기 어렵다.
그러나 긴장은 반드시 하지 느끼지 않아야 할, 방해만 되는 감정일까. 긴장은 신체가 경기를 잘 치르기 위해 예열되는 과정이다. 경기에서 좋은 결과를 얻고 싶다면, 누구나 자연스럽게 느끼는 감정이다. 예열이 충분하지 않거나 너무 과해서 문제가 생기는 것이지 예열 자체가 문제인 것은 아니다. 경험과 고민을 거쳐 적절한 온도를 찾기만 하면 되는 것이다.

지금 너를 괴롭히는 그 긴장을 안 하기 위해 에너지를 쓸 것이냐, 그 긴장을 너의 에너지로 쓸 것이냐. 필자는 선수에게 그렇게 묻는다.

마무리
스포츠심리 전문가의 성향에 따라 선수들을 심리적으로 성숙시키는 방법은 여러 가지가 있다. 한 명의 전문가라고 해도, 선수 개인의 성향이나 종목의 특성 등에 따라 적용 방법이 다양하다. 때문에 수많은 연구가 진행되고 있으며, 그 이상으로 더 많은 연구와 경험이 필요하다. 스포츠심리학에는 범위의 제한도, 유행도, 정답도 없으며 스포츠과학과 산업이 발전할수록 더욱 중요한 분야로 성장할 것이다.

선수전문 재활센터
(프리미엄 피트니스 펄스짐 김성언)

선수들의 부상은 수술이 끝이 아니다. 수술 혹은 시술 후 시기 적절하며 올바르고 충분한 재활운동이 있어야 하지만 수술로 복원된 조직과 스트레스 받은 신체가 부상 전의 신체능력으로 돌아올 수 있다. 이러한 선수들의 부상에서 스포츠 현장으로의 복귀에 도움을 주는 곳이 바로 선수전문 재활센터이다. 선수전문 재활센터는 선수들이 부상에서 연습이나 경기에 복귀할 때까지 선수를 관리하고 트레이닝 시킨다. 최근에는 육체적인 트레이닝 뿐만 아니라 심리적인 부분들까지 함께 케어를 하는 편이며, 그러기 위해서는 선수들과의 감정을 공유하며 깊은 친밀감을 쌓아야 한다. 또한, 선수들의 부상에 따라 케이스 별 재활운동의 차이점과 해당 종목에 따른 접근방식의 차이가 있으므로 이러한 부분들까지 선수재활 프로그램을 운영하는데 있어 고려해야 하며, 소속팀 선수트레이너와의 긴밀한 협조를 통한 부상이전의 경기력 회복에 더하여 그 이상의 퍼포먼스에도 초점에도 맞추고 트레이닝 한다.

선수들의 부상은 크게 급성 부상과 과사용으로 인한 부상으로 나눌 수 있다. 이러한 부상들은 모두 근육의 불균형, 관절의 약화, 오버트레이닝, 불안정한 심리상태 등의 요인들과 관련이 있다. 그러므로 선수전문 재활센터의 트레이너는 선수를 세밀하게 관찰하며 몸 상태와 위험인자에 대한 정보를 얻고, 이것을 토대로 하여 트레이닝의 방향을 설정한다. 선수들의 트레이닝에 있어서 가장 중요한 요소는 다시 부상당하지 않도록 안전하면서도 빠르게 경기 현장으로 복귀하는 것이다.

선수전문 재활센터의 트레이너는 선수가 연습이나 경기 중에 어떻게 부상을 당했는지도 면밀히 살펴봐야 하며, 특정 동작이나 습관들이 이러한 부상에 관계가 있다면 그러한 부분들까지도 캐치해내어 올바른 방향으로 이끌어 줘야 한다. 최근에는 프로선수들 뿐만 아니라 실업 및 아마추어 선수들도 재활 트레이닝의 중요성을 인지하고 부상 이후에 선수전문 재활센터를 많이 찾고 있다. 이에 맞춰 선수전문 재활센터도 속속들이 생기고 있고, 많은 병원에서 물리치료에 국한하던 재활 프로그램에 운동전문 재활치료실을 꾸미고 있는 추세이다.

일반적으로 선수의 부상에 따라 담당 전문의의 지휘아래 수술을 하거나 비수술적 치료를 통한 재활프로그램을 진행한다. 여기서 수술은 부상부위의 영구적인 신체조직 결손이나 파손에 대한 구조적인 복원 혹은 앞으로의 더 큰 부상 예방차원에서 결정하고, 비수술적 치료는 수술로 인한 부작용이 크거나 혹은 수술까지는 필요 없는 경우 그리고 선수들의 시즌 혹은 팀 상황 등의 여러 요건들을 종합적으로 판단한다. 수술 혹은 비수술적 치료 후 선수재활은 안전한 퍼포먼스와 경기력 회복을 위한 훈련을 위해 실시하는데 신체조직의 회복시기에 맞춰 올바른 트레이닝이 실시되어야 하므로 각 시기별 적절한 재활운동이 필요하다.

선수들의 재활운동은 크게 3단계로 나뉘게 된다. 초기재활은 부상 및 수술 후 연부조직의 회복과 관절 가동 범위의 회복 그리고 염증과 통증 조절을 위한 단계이며, 중기재활은 부상 및 수술 등으로 인해 저하된 부위의 근력 회복 및 근력 저하로 발생할 수 있는 보상패턴의 신체 불균형 회복 단계이다. 마지막으로 후기재활은 스포츠 종목의 특이성에 따른 운동 기능의 재 습득 그리고 순발력 및 민첩성 향상과 탄력성 회복 단계를 거쳐 심리적 안정까지 경기에 복귀 할 수 있도록 트레이닝 한다.

선수전문 재활센터에서 일하려면 부상당한 선수의 해당 종목에 대한 깊은 이해와 함께 해부학부터 기능학과 운동역학 그리고 생리학과 병리학 등에 대한 기초학문의 공부는 필수이고 부상 부위에 대한 전문 담당의가 진행할 수술 및 시술과 전체적인 재활프로그램 과정의 숙지가 필요하다. 여기에 임상 경험이 큰 역할을 차지할 수 있겠으며, 그 종목을 직접 경험한 선수출신이라면 더할 나위 없이 좋은 여건이 된다. 때문에 선수전문 재활센터도 종목별로 야구선수전문 혹은 축구선수전문 등의 종목별 세분화된 선수전문 재활센터도 생겨나고 있다.

선수들은 각자의 종목에서 팀과 본인을 위해 높은 성적을 받을 수 있도록 항상 노력한다. 하지만 불행하게도 본인 의지와는 관계없이 연습이나 경기 중 부상을 당할 수 있는데 부상 이후 적절한 치료와 함께 올바른 선수재활 프로그램을 받은 것은 매우 중요하다. 올바른 선수전문 재활 프로그램은 선수의 포지션, 경기 중 습관 등을 고려하며, 재발 방지 및 외상 후 증후군 등 정신적인 부분을 고려한 접근과 무엇보다도 담당 전문의 및 선수 트레이너와의 긴밀한 상담이 동반되어야 이루어질 수 있다.

보통 큰 부상을 입는다면 선수생활 끝이라거나, 은퇴라거나 하는 등의 운동을 포기해야 하는 말을 많이 듣기도 하지만, 충분하고도 시기 적절하며 올바른 선수재활 프로그램을 운영하는 선수전문 재활센터와 함께 라면 다시 스포츠 현장으로의 복귀는 꿈이 아니다. 오늘도 부상과의 싸움에서 눈물겨운 노력으로 시련을 이겨내 경기로의 복귀를 꿈꾸는 선수들에게 선수전문 재활센터로써 작지만 커다란 힘이 되어주고 싶다.

선수 컨디셔닝 센터 소개 및 조언
前 삼성서울병원 스포츠의학센터 운동처방사 지상민)

1. 선수트레이너가 되려면 어떻게 해야 하나요?

국내 실정상 선수트레이너의 학과의 부재로 인하여 학부 때 직접적으로 접하기는 힘든 점이 있습니다. 물론 대학원에서는 선수 트레이닝 전공이 있는 것으로 알고 있습니다.

학부에서는 체육 관련학과 혹은 스포츠의학, 건강관리, 운동처방 등등 학부를 통하여 기회를 접하게 됩니다. 물리 치료학과를 통하여 선수트레이너의 길을 가기도 합니다.

요즘은 많이 선수트레이너가 활성이 되어서 일찍부터 외부 교육(대한선수트레이너협회, 대한운동사협회, 대한체력코치협회, 한국선수트레이너 협회)등을 통하여 공부도 하며, 운동부가 있는 대학이라면 학교자체에 AT실을 운영하거나 혹은 동아리 활동을 통하여 사전에 경험을 쌓는 경우도 있습니다.

종목 혹은 단체 마다 체육관련 학과 학생을 선호 하거나 혹은 물리치료학과를 선호하기도 합니다. 팀에서는 업무의 분장이 명확히 구분되어 있지 않기 때문에 트레이닝과 치료를 서로가 겸업하기도 합니다. 개인적인 생각이지만 해외처럼 명확히 분업되기는 한국인의 정서상 쉽지 않을 것으로 예상됩니다.

2. 선수트레이너, 체력코치, 재활트레이너 무슨 차이가 있나요?

큰 의미에서는 선수트레이너가 상위 개념이라고 생각이 되어 지며 업무 분담을 통하여 체력 및 재활로 나뉠 수 있습니다. 체육과 출신이 체력트레이너를 맡고, 물리치료 출신이 재활트레이너를 맡는 경우도 있으며, 연차에 따라서 시니어 트레이너들이 재활을 맡고, 주니어들이 체력을 맡는 경우도 있습니다. 팀의 이해관계에 따라 정해진다고 보면 될 것 같습니다.

체력 트레이너들의 역할은 선수들의 운동 전 준비운동 및 운동 후 정리운동을 실시하며, 또한 한 시즌을 준비할 때 시즌 전 체력운동을 진행하며, 시즌 내내 좋은 컨디션을 유지하기 위하여 체력운동을 진행을 한다고 보시면 되고, 재활 트레이너의 역할은 부상선수의 관리 및 재활 및 치료 그리고 마사지 등을 한다고 보시면 됩니다.

하지만 팀의 현실적으로는 업무가 명확히 구분 되어 일을 하는 경우는 많지 않은 것 같습니다.

3. 선수트레이너가 되기 위해서 봐야 하는 서적과 공부하면서 필요한 서적

기본적으로는 운동생리학, 해부학을 보는 것을 기본으로 하며 트레이닝 방법과 모든 운동의 기본이 되는 웨이트 트레이닝 관련서적을 보면 좋을 것 같으며 추가적으로 팀 트레이너가 된다면 종목의 이해를 돕기 위하여 관련된 서적을 보시면 트레이닝에 도움이 될 수 있습니다.

스포츠 의학, 운동 손상학, 트레이닝과 컨디셔닝, 등의 서적을 보면 도움이 되고 추가적으로 관절별 질환과 종목별 손상 관련된 서적을 보는 것을 추천합니다.

그리고 원서를 봐야하는 경우도 있기에 영어를 조금 더 관심을 갖고 공부하시는 것이 좋을 것 같습니다.

4. 선수 트레이너가 하면 좋은 점과 힘든 점은 무엇인가?

팀 트레이너와 혹은 센터에서 근무하는 트레이너와 구분이 되어져야 한다고 생각이 됩니다.
개인의 능력에 따라 다르겠지만 일반적으로는 급여가 센터의 트레이너 보다는 좋은 것으로 보고 있습니다. 팀 성적에 따라서 수당이 생기는 경우가 있으며 팀에서 의식주가 해결되기 때문에 부가적인 지출을 줄일 수 있는 것이 장점입니다. 또한 경기 및 전지훈련 있어서 국내외를 다닐 수 있는 것도 장점으로 생각하는 트레이너도 있습니다.
팀 트레이너는 팀 및 선수가 우선이기 때문에 개인을 먼저 생각하기 힘들며 팀 스케줄에 따라 움직이기 때문에 개인 생활의 제한이 따릅니다. 그러기 때문에 집안의 경조사 및 명절을 챙기는 것이 힘든 경우가 다반사입니다.
센터 소속의 트레이너는 개인 생활이 보장 되고 또한 출장을 가는 경우가 있어서 다양한 종목 및 여러 선수를 경험 할 수 있는 경우가 장점으로 보고 있으며 급여가 조금 낮게 측정되어서 시작하는 경우가 있습니다. 그래도 다양한 수당이 있어서 그것을 보안하는 경우가 있으며, 일과 이 후에 프리랜서로 일을 하는 경우도 있습니다.

5. 개인적인 이야기 (조언 및 센터 소개)

저는 삼성서울병원의 운동처방사 출신으로 10년 이상의 스포츠 의학을 기본으로 일반인 및 선수를 담당했습니다. 현재는 분당 소재의 스포츠클럽 필립의 SRP 스포츠재활 및 예방운동 센터의 센터장을 맡고 있습니다.
처음 이 분야에 일을 했을 때는 정말 공부할 양도 방대 했습니다. 그래서 병원 근무 당시 업무 전 관련 분야 저널 컨퍼런스 및 환자 케이스 리뷰를 진행하며 일과 이후에는 자체 공부를 하며 부족한 지식을 채우기 위해 열심히 해왔습니다. 대학병원의 근무 당시 정말 힘들었지만 다양한 케이스를 통하여 많은 임상의 데이터가 축적 되어서 현재는 선수 및 일반인의 트레이닝 및 컨디셔닝의 큰 밑거름이 되었으며 저 개인의 큰 자산으로 생각되어지고 있습니다.
그 때 당시에는 일자리도 병원 혹은 팀이 거의 전부였습니다. 요즘은 다양한 트레이닝 센터도 많이 생기고 개인적으로 창업을 하는 분들도 있어서 다양한 일자리가 있습니다. 많은 정보를 얻고 노력을 하면 충분히 자신이 만족 할 수 있는 상황에서 직업을 얻을 수 있다고 생각이 듭니다. 개인적으로는 5년은 자신에게 투자를 해야 할 것으로 생각이 듭니다. 대학에서 배운 것은 가장 기초라고 보시면 되고 취업 후의 공부가 생존을 위해 필수 공부라고 생각 하시면 될 것 입니다.
SRP센터에서는 한 공간에서 선수트레이닝에 필요한 모든 곳이 잘 갖춰진 곳입니다. 선수트레이닝 공간 (등속성 검사, 발란스 검사, 체형분석 등등), 웨이트 트레이닝, 필라테스, 수영, 회복을 위한 찜질방과 사우나 시설이 되어 있습니다.
선수 및 일반인들이 모두 만족할 만한 서비스를 제공한다고 생각하시면 좋을 것 같습니다.
1대1 트레이닝을 기본으로 하며 시즌 전 및 시즌 후 단체운동도 진행합니다. 다양한 종목의 프로 선수 및 유소년 선수들이 방문하여 트레이닝 및 컨디셔닝을 진행합니다.

마지막으로 학부생들이 선수트레이닝에 관심이 있다면 자체 소모임 혹은 세미나 모임을 만들거나 소속되어 위에서 언급한 공부를 꾸준히 하며 교외의 다양한 교육을 접하는 것을 추천합니다. 또한 주변 선배들에게 도움을 요청하며 실습을 하는 것을 추천합니다. 혹은 운동부가 있는 학교라면 교수님을 통하여 운동부 감독님과 허락을 얻어 선수들을 관리 해보는 것도 추천을 합니다. 팀에서도 선수트레이너를 구인을 할 경우에도 경험이 있는 사람을 선호하게 되는 편입니다.

과거에 이런 궁금증에 관련된 이메일을 많이 받았으며 많은 조언도 했지만 항상 직업의 사명감과 급여에 대한 딜레마는 풀지 못하는 것 같다는 생각이 됩니다. 이러한 컨셉트를 잡아 기획 해주고 자리를 마련해준 백형진 대표에게 감사 인사를 드리며 더 의문사항이 있으면 메일 (sm96polo@hanmail.net)로 연락주시면 말씀 드리겠습니다.

http://www.phillipsrp.com/ (필립 SRP)

現 **지 상 민** (필립SRP 선수 컨디셔닝 센터장)

선수 출신 선수트레이너
(필립SRP 선수 컨디셔닝 센터장 전상준)

선수트레이너가 되려면 어떻게 해야 하나요?
저는 초등학교부터 대학교 4학년때까지 야구 선수 생활을 하였습니다. 선수생활을 하면서 여러 차례 부상 경험도 있었습니다. 선수 생활을 그만두고 진로를 고민하다가 제가 부상을 당했을 때 저를 관리해주셨던 LG트레이너 선생님과 같은 일을 하는 것이 어떨까? 라는 생각으로 관련된 일을 찾아보았습니다. 그 결과 선수 트레이너, 운동처방사, 재활 트레이너와 같은 직종이 있는 것을 확인할 수 있었고, 이런 일을 했으면 좋겠다 라는 마음이 생겨 대학원을 체육학과로 진학하게 되었습니다. 대학원을 다니면서 관련된 자격증이 무엇이 있을까 찾아보다가 생활체육 지도자 2급 (현재 1급) 보디빌딩 자격증을 준비하게 되고 시험에 합격하면서 트레이너 생활을 하게 되었습니다. 이후에 임상운동사, 체력관리사, 재활 운동사, 생활체육 지도자 1급 운동처방사 (현재 건강운동관리사) 등을 취득했습니다. 선수 트레이너가 되기 위해서는 기초 학문인 해부학(표면, 기능 해부학), 운동생리학, 트레이닝 방법론, 운동 역학, 측정평가 등을 공부해야 하며, 더 나아가서 병태 생리학과 같은 질환에 대한 공부도 해야 합니다. 또한, 앞서 이야기 했던 관련된 자격증을 취득해야 합니다.

선수트레이너가 주로 공부하는 과목과 책이 무엇인가요?
앞서 이야기 했듯이 해부학 (표면, 기능), 운동 생리학, 트레이닝 방법론, 측정평가, 운동 역학 등이 있으며, 재활 운동과 관련된 병태 생리학, 관절별 전문 서적 등을 공부해야 합니다. 그렇기 때문에 공부를 해야 하는 과목이 많기에 그만큼 봐야 하는 책이 많이 있습니다. 기본적으로 운동생리학, 기능해부학 책은 봐야 하는 책입니다. 그 중에서 뉴만의 kinesiology 책은 꼭 봐야 하는 서적이며, 또한, 트레이닝 방법론 관련 책인 퍼스널 트레이닝의 정수, 체력관리의 정수, 운동사를 위한 근력훈련과 컨디셔닝, 운동 수행 능력 향상 트레이닝, 치료적 운동 원리와 실제 등을 봐야 하며, 기능 검사에 대한 책인 켄달의 자세와 통증 치료에 있어서 근육의 기능과 검사, 근골격계 질환의 진단 및 재활치료, 움직임 책 등을 봐야 합니다. 그리고 병태 생리학 및 운동 손상과 관련된 책은 운동 손상학 원론 책 등을 추천합니다.

선수트레이너 하면 좋은 점과 힘든 점이 무엇인가요?
좋은 점은 여러 가지가 있겠지만 선수들과 소통할 수 있다는 것과 트레이닝한 선수들이 성공적으로 복귀했을 때, 트레이닝 한 선수들과 팀이 다음해에 좋은 성적을 냈을 때 보람을 느낄 수 있는 것 같습니다. 또한, 다양한 선수들을 만나게 되면서 그 종목에 대해 공부를 할 수 있고, 각 종목에 부상 메커니즘이 조금씩 다를 수 있으므로 다양하고 많은 케이스를 경험할 수 있다는 것이 좋은 점 입니다. 하지만, 힘든 점은 트레이닝한 선수들이 부상이 재발될 때 마음이 어려움을 느끼게 되고, 재활 운동을 진행했을 때 통증이 조절이 되지 않을 때 힘든 부분이 있습니다.

선수트레이너 지망생에게 한마디 조언
선수트레이너는 매우 매력적인 직업입니다. 부상 당한 선수들에게 도움을 줄 수 있을 뿐만 아니라 더 좋은 기량으로 복귀시킬 수 있기 때문입니다. 하지만, 이런 매력적인 직업을 갖기 위해서는 스스로가 많은 노력을 해야 합니다. 한마디로 공부해야 할 것이 너무 많습니다. 체육학은 물론이고 기초 의학도 알아야 그 일이 매력적일 수 있는 것입니다. 또한, 운동 종목에 대한 관심과 이해도 필요합니다. 운동종목을 이해하지 못한 상태에서 그 종목에 맞는 운동 프로그램을 적용할 수 없기 때문입니다. 특히, 저는 저와 같이 운동 선수 생활을 하다가 운동을 그만 둔 선수들에게 도전해보라고 조언하고 싶습니다. 선수출신의 선수트레이너가 주변에서 찾아보기 어렵기 때문입니다.

선수 트레이닝 센터 (바디퍼포먼스)

1. 센터 소개
바디퍼포먼스는 선수들의 신체능력 향상과 컨디셔닝 및 재활을 통한 퍼포먼스 향상을 목적으로 2015년에 설립된 트레이닝 전문센터입니다. 바디퍼포먼스에서 트레이닝 하는 선수들은 축구선수가 가장 많으며, 그 외에 농구, 야구, 태권도, 배드민턴 등 다양한 종목의 선수들이 함께 하고 있습니다.
예를 들면 2018 월드컵 국가대표 정우영, 이재성, 장현수, 김승규, 정승현 선수와 2018 인도네시아 자카르타-팔렘방 아시안게임 국가대표 황인범, 김정민, 이승모, 나상호 선수 등이 바디퍼포먼스에서 전문 트레이닝을 진행하였습니다. 그 외에도 국가대표로 활약해온 권창훈, 한국영, 홍정호, 김기희, 오재석, 이명주, 김민혁, 전세진 선수 등과 같은 프로선수 뿐 아니라 프로선수를 꿈꾸는 다양한 분야의 아마추어 선수들이 바디 퍼포먼스와 함께 하였습니다.
이처럼 다양한 선수들의 특성과 니즈를 파악하고 맞춤형 전문 트레이닝을 진행해야 하므로 바디퍼포먼스 트레이너들은 국가대표팀, 프로팀, 병원 등에서 다양한 현장경험을 바탕으로 세계적으로 통용되는 전문자격을 보유하고 있는 전문인력으로 구성되어 있습니다.

2. 팀 내에서 하는 훈련과 밖에서 하는 훈련의 차이점과 선수트레이너의 필요성
팀에서 하는 훈련과 외부 전문센터에서 하는 훈련은 차이가 있습니다.
예를들면 선수 개인의 보강 운동 개념인지, 재활 목적인지, 시즌 오프 후 하는 훈련의 특성을 이해하고 있어야만 그에 맞는 프로그램을 제시하고 운영할 수 있습니다.
팀에서 하는 훈련은 선수단 모두가 동일한 시간에 동일한 프로그램으로 훈련하므로 전체를 위한 트레이닝 중심으로 진행됩니다. 이러한 팀 훈련은 시즌 및 시합 동안 선수단 전체의 컨디션을 효과적으로 조절해 나가는 것을 목표로 합니다. 그러나 이러한 환경에서는 선수 개인의 각기 다른 강점과 약점을 보완하고 개선하기 위한 맞춤형 트레이닝은 어려울 수 있습니다.
반면 외부 전문 트레이닝 센터에서 하는 훈련은 선수 개인별 평가를 통하여 개인별 맞춤 트레이닝을 실시하기 때문에 선수 개인의 부족한 부분을 보완하고 능력을 향상 시킬 수 있는 집중적인 트레이닝이 가능한 차이가 있습니다.

실제로 바디퍼포먼스에서는 선수 개인별 니즈를 분석하여 맞춤형 트레이닝을 실시하고 있습니다. 국내 프로축구 선수들의 경우 동계훈련이 시작되는 1월 초부터 시즌이 마감되는 11월 까지는 보통 각자의 소속팀에서 훈련합니다. 그래서 실제로 많은 선수들이 바디퍼포먼스를 주로 찾는 시기는 시즌 종료 후 휴식기인 11~12월입니다.
A매치, 여름 휴식기, 경기 다음날 휴일 등을 이용해 센터를 찾는 선수들도 있는데요 이럴 경우에는 시즌이 진행 중이기 때문에 큰 변화를 위한 강한 훈련 보다는 근력유지와 컨디셔닝 회복을 위한 훈련을 주로 실시합니다.

시즌 종료 후에 센터를 찾는 선수들은 먼저 평가와 상담을 통해 시즌동안 생긴 부상과 신체의 불균형 등을 파악합니다. 그리고 트레이닝 초기에는 전체적인 피로 및 부상 회복과 함께 신체

불균형 개선을 위한 밸런스 회복 트레이닝을 실시합니다. 휴식기 중반이 지나면 점차적으로 움직임, 유연성, 근력, 밸런스, 파워, 민첩성, 스피드 등 신체능력 향상을 위한 집중 트레이닝을 통해 퍼포먼스를 향상시키고 부상 없는 최상의 몸 상태로 동계훈련과 시즌을 보낼 수 있도록 트레이닝 합니다.

부상으로 인한 재활을 위해 찾는 선수들도 있는데요 이때는 부상 원인이 어디에 있는지 먼저 확인합니다. 외적 힘에 의한 부상인지 혹은 잘못된 움직임으로 인한 보상패턴 등 내적인 문제가 원인인지 파악하고 이러한 원인을 제거하며 부상 재활과 관리를 실시합니다. 또한 부상 재활은 물론이고 다양한 부분의 기능과 능력을 향상시켜 부상 전보다 더 좋은 몸상태로 복귀 할 수 있도록 지원하고 있습니다. 실제로 월드컵대표 뿐만 아니라 국가대표로서 많은 활약을 해온 한국영 선수는 무릎 후방십자인대와 외측인대 파열로 수술 후 바디퍼포먼스에서 재활을 하였고 국가대표 정우영, 장현수 선수는 중국 슈퍼리그 소속으로 활약할 당시 각각 발목과 허리부상으로 바디퍼포먼스를 찾아 회복 후 소속팀으로 복귀하였습니다. 그 외에도 여러 프로와 아마추어 선수들이 재활을 위해 찾고 있습니다.

3. 팀에서 하는 것과 밖에서 센터를 운영하는 것의 근무환경에 차이

선수들과 함께한다는 공통점은 있지만 근무환경에는 많은 차이가 있습니다.
팀 소속일 경우 좋은 시설에서 우수한 선수들과 함께 하며 매달 지급되는 급여를 받으며 자신의 업무에만 집중 할 수 있 장점이 있습니다. 하지만 시즌 중 모든 일정을 팀 우선에 따라야 하므로 개인 활동에 제약이 따릅니다. 의사결정도 구단과 감독, 코치 의견이 매우 크게 작용하고, 팀 성적에 따라 전체분위기가 바뀌는 경우가 많습니다.

센터 운영은 팀처럼 좋은 시설과 환경은 아니지만 외부 활동을 위한 일정 조정이 자유롭고 개인적인 시간을 더 가질 수 있습니다. 무엇보다 팀 분위기나 외부의 간섭 없이 선수와 직접적인 소통을 하며 즐거운 분위기에서 훈련이 가능합니다. 또한 센터를 운영하면 트레이닝 외에도 운영과 관련된 많은 업무를 처리해야 하므로 관리측면에서 신경 써야 할 사항이 있습니다.
그러나 어느 경우나 선수들과 함께하며 보람을 느낄 수 있는 것은 동일합니다.

4. 선수트레이닝 센터 창업과정

AT들도 결국 언젠가 팀에서 나와서 다들 AT 센터를 창업하고 싶어하는데 창업과정에 대한 이야기를 해드리겠습니다. 저는 대학 시절부터 프로구단 취업을 최종 목표로 하였습니다. 그러나 경험도 많지 않고 경력도 부족한 제가 프로구단에 처음부터 채용되는 것은 매우 어려운 것이 현실이었습니다. 그래서 처음에는 중학교 축구팀 트레이너로 취업하여 어린 선수들을 지도하였는데 성장기 선수들이 트레이닝을 통해 운동 능력에 많은 변화가 생기고 경기력 향상으로 이어지는 것을 보며 많은 보람을 느낄 수 있었습니다. 그 후 경험과 경력을 인정받아 꿈꾸던 프로농구단 트레이너가 되었을 때는 너무 즐겁고 보람되었습니다. 그러나 어느 순간부터 다음 목표

는 무엇인가에 대한 생각이 들었습니다. 과연 몇 살까지 이 일을 계속 할 수 있을지 이 일을 그만 두면 무엇을 해야 할지에 대한 많은 고민을 하기 시작했습니다. 그래서 결국 개인 센터를 운영해야 겠다는 최종목표를 설정하고 시즌을 마치고 팀을 나와 개인적으로 공부하며 준비하여 아마추어 축구선수들의 개인 트레이닝을 하기 시작했습니다. 처음에는 어려움도 있었지만 점차 저를 찾아주는 선수들이 많아졌고 약 3년이 지난 시점에 꿈꾸던 저만의 트레이닝 센터를 창업하게 되었습니다. 무엇보다 개인 창업에 대한 꿈을 이루기까지 중학교 축구팀 트레이너 경험과 프로농구단 트레이너 경험이 소중한 씨앗이 되었다는 것은 명백한 사실입니다. 따라서 저와 같이 창업을 목표로 하는 분들은 바로 창업하는 길도 있겠지만 충분한 경험을 쌓은 후에 창업하는 것도 함께 고민해 보시기를 추천 드립니다.

5. 조언 한마디

가끔 메일이나 SNS를 통해 진로를 고민하는 대학생과 여러가지 이유로 선수 생활을 그만둘 수밖에 없는 상황에 놓인 선수들의 상담을 하는 경우가 있는데요 주로 이 일을 직업으로 하기 위해 무엇을 공부해야 하며 어떤 자격증이 필요한지에 관한 질문이 많습니다.

다양한 자격증을 취득하고 관련 지식을 쌓는 일은 속도의 차이가 있을 뿐 노력을 통해 얼마든지 가능합니다. 하지만 이 일을 직업으로 하고 싶다면 무엇보다 이 일을 좋아해야 하며 끈기와 지구력이 중요하다고 생각합니다. 왜냐하면 우리가 하는 일은 단기간에 결과물이 나오지 않기 때문입니다. 선수를 위해 보이지 않은 곳에서 많은 시간과 노력을 쏟아야 하고 이로 인해 선수가 경기를 더 잘 할 수 있도록 만드는 숨겨진 조력자 역할을 해야 하기 때문입니다. 선수와의 교감도 매우 중요합니다. 그냥 잘 대해주며 친구처럼 지내는 것만이 아니라 내가 트레이닝 하는 선수로부터 진심으로 신뢰를 얻을 수 있는 관계를 만들기 위한 노력이 정말 중요합니다. 그러기 위해서는 오랜 시간의 노력과 지구력이 필요합니다. 이러한 관계가 형성되면 트레이닝의 결과는 당연히 더 높아질 수밖에 없습니다.

따라서 이런 생각과 성향을 가진 분들이 선수 트레이너라는 직업에 잘 맞고 즐기면서 일을 잘 할 수 있을 거라고 생각합니다.

現 바디퍼포먼스 센터장 **이 동 근**

비시즌기 선수 개인트레이닝

1. 비시즌기 선수 트레이닝
비시즌기는 시즌 중 많은 경기를 수행한 후 신체적, 정신적으로 지쳐 있는 선수들에게 휴식을 취할 수 있는 시기이며, 시즌 동안 발생한 부상과 종목 특성상 과사용으로 인해 발생될 수 있는 만성적인 통증을 관리할 수 있는 시기입니다. 그리고 다음 시즌에 최상의 퍼포먼스를 발휘하고, 부상을 예방하기 위해 체력을 강화할 수 있는 황금 시간입니다. 비시즌기에 소속된 팀에서 훈련을 하기도 하지만 자신에게 맞는 트레이닝을 필요로 하는 선수들이 개인트레이닝을 받으러 찾아옵니다. 주로 골프, 야구, 요트, 육상 종목의 선수들이 11월에서 2월 사이 개인트레이닝을 받으러 오며, 연령대는 중학생 선수부터 프로 선수까지 다양합니다.

2. 어떤 방식으로 훈련이 이루어지나요?
첫 번째, 트레이닝을 시작하기 전 선수와 상담을 합니다. 시즌 중 부족했던 점, 다음 시즌 때 보완 하고 싶은 점, 과거 부상 부위, 최근 시즌 중 부상 부위, 만성 통증 등을 파악하고, 트레이닝 계획에 대해서 의논을 합니다. 그리고 선수의 컨디션에 영향을 미칠 수 있는 영양 섭취와 생활 패턴에 대해서도 상담을 합니다.

두 번째, 정적 자세와 움직임 평가, 관절 가동범위, 도수근력 검사, 체력평가를 실시하고, 스포츠 종목의 특성을 분석합니다. 트레이닝을 시작하기에 앞서 평가를 통해 선수들의 구조적, 기능적인 상태를 파악하여 트레이닝 목표와 프로그램을 계획할 때 고려하며, 평가 시 사진과 영상을 찍어 두면 변화를 관찰하는데 더욱 도움이 됩니다. 스포츠 종목의 특성(움직임, 생리학적, 주로 발생되는 상해 등)은 실제 경기 또는 연습 시 동작을 직접 관찰하거나, 영상을 통해서 동작을 분석 하고 트레이닝 프로그램 계획을 세울 때 참고합니다. 가장 도움이 많이 되는 것은 그 스포츠 종목을 경험해 보는 것이 좋습니다.

세 번째, 트레이닝 프로그램을 계획하고 트레이닝을 시작합니다. 비시즌 훈련 초기 2-3주 정도는 컨디션 회복에 집중 하고, 유연성과 안정성, 근지구력, 심폐지구력 향상을 위주로 트레이닝이 진행되며, 시즌 중 부상이 있었던 경우에는 재활트레이닝에 집중 할 수 있도록 합니다. 4주차부터 시즌 전까지는 근력, 민첩성, 파워를 향상시키고, 스포츠 특수성에 맞게 트레이닝을 합니다. 스포츠 종목에 상관없이 선수들의 퍼포먼스에 있어서 코어의 역할은 매우 중요한 요소이며, 선수들도 코어의 중요성에 대해서 예전보다 많이 인지하고 있습니다. 따라서 어떤 체력 운동을 하든 코어의 중요성을 강조하고, 코어 트레이닝은 매 세션 마다 프로그램에 빠지지 않고 실시하고 있습니다.

선수들을 트레이닝 시킬 때는 선수들의 컨디션이 매우 중요합니다. 수면시간, 영양섭취, 심리상태에 따라 컨디션이 달라 질 수 있기 때문에 운동을 시작 하기 전 미리 파악해두는 것이 좋습니다. 컨디션 상태에 맞춰 계획했던 트레이닝 프로그램을 수정해야 하는 경우도 종종 있습니다.

네 번째, 스마트한 선수를 만들어야 합니다. 선수트레이너는 선수가 단순히 시키는것만 따라 하도록 하는 것이 아니라 진행되는 트레이닝 프로그램이 왜 필요한지, 동작 자세의 포인트를 이해하도록 하고, 휴식과 영양의 중요성에 대해서도 선수들에게 교육 한다면 트레이닝 효과가 더욱 커질 것입니다. 오랜 기간 운동을 하면서도 그 운동이 왜 필요한지 모르는 선수가 있는 반면, 프로그램을 계획해서 주면 혼자서도 잘 수행하는 선수가 있습니다. 그리고 불안한 마음에 쉬지 않고 무리하게 운동을 하는 선수들이 있습니다. 선수 스스로 자신의 컨디션과 체력을 관리하는 방법을 익히면 퍼포먼스 향상에 긍정적인 영향을 미칠 것입니다.

3. 선수 트레이너가 갖추어야 할 자질은 무엇인가요?

'아는 만큼 보인다'는 말이 있듯이 선수들을 트레이닝 시킬 때 트레이너가 아는 만큼 지도할 수 있습니다. 따라서 풍부한 지식과 경험을 갖춘 트레이너 일수록 선수들의 퍼포먼스 향상에 긍정적인 영향을 미칠 수 있을 것입니다. 그리고 선수들에게 이 프로그램을 실시하는 이유에 대해서 이해하기 쉽게 설명을 해준다면 선수들에게도 신뢰를 받을 것입니다.

선수트레이너는 기본적으로 해부학, 역학, 생리학, 영양학 등 이론적 지식을 바탕으로 트레이닝 목적에 맞게 프로그램을 계획하고 실시 할 수 있어야 합니다. 선수트레이너가 되기 위해 꼭 소지해야 하는 자격증이 정해져 있지는 않지만, 생활스포츠지도사, 전문스포츠지도사, 건강운동관리사, CSCS(NSCA), CES(NASM) 자격이 있다면 트레이너로써 인정을 받을 수 있을 것입니다. 자격증은 트레이너가 어느 정도 지식을 갖추었는지 객관적으로 판단할 수 있는 기준이 됩니다. 하지만 제일 중요한 것은 배우거나 스스로 공부한 내용을 선수나, 스포츠종목 지도자들에게 논리적으로 설명 할 수 있는 정도로 충분한 나의 지식이 되었는지가 중요합니다.

소도구 사용법, 트레이닝 방법, 재활, 교정 관련 교육 등 개인 또는 여러 단체에서 수 많은 교육들이 진행되고 있습니다. 강사분들 마다 강조하는 점이 달라 혼란을 줄 수도 있지만, 책에서 배울 수 없는 강사들의 노하우를 배울 수 있고, 혼자서 공부 할 때 어려운 부분을 이해하기 쉽게 설명해주는 경우가 있어서 도움이 될 때도 있습니다. 무조건 새로운 교육을 듣고 따라하기 보다는 본인이 배운 내용을 직접 수행을 해보고 장점과 단점을 확실히 파악한다면, 선수에게 맞는 적재적소의 트레이닝을 할 수 있을 것이라 생각합니다. 저는 웨이트 트레이닝, 다양한 소도구를 이용한 트레이닝, 크로스핏, 역도 등 한가지씩 빠져들어서 운동을 해보고, 응용도 많이 해보았습니다. 그래서 트레이닝 프로그램을 계획하고 지도할 때 도움이 많이 되었습니다. 배움에는 끝이 없으므로 누군가에게 배우거나, 전공 서적을 보면서 공부를 하고, 정리를 하고, 직접 적용해보면서 참된 본인의 실력이 될 수 있도록 해야 합니다.

4. 조언 한마디

저는 H&K 운동과학센터를 운영 하고 있으며, 다양한 목적을 가지고 운동을 하는 일반인들도 선수만큼 과학적인 프로그램과 근거기반의 트레이닝을 지도를 하고, 시즌, 비시즌기에 개인트레이닝을 필요로하는 선수들을 관리 하고 있습니다. 스포츠 팀에 소속 되어 있지 않더라도 선수트레이닝을 할 수 있는 기회가 있다는 것을 알려 드리고 싶었고, 이 글에서는 주로 비시즌기

트레이닝에 대해 도움이 되고자 글을 썼습니다.
매년 선수들과 많은 대화도 하고 트레이닝을 하면서 느낀 것 중 하나는 심리적인 부분도 아주 중요하게 작용하기 때문에 트레이너는 선수와 자주 소통을 해야하며, 서로 존중하고 신뢰가 중요하다고 생각합니다. 우선 트레이너는 선수에게 신뢰를 받으려면 실력이 바탕이 되어야 하므로 끊임없이 노력하고 발전해야 합니다.
트레이너는 선수와 함께 뚜렷한 목표를 가지고 함께 집중하며, 그 결과가 좋으면 함께 기뻐하고 원하는 만큼 안되었을 때는 힘이 되어 줄 수 있습니다. 그리고 더 나아가 선수들의 삶에도 좋은 영향을 미칠 수 있는 의미 있고 가치 있는 일인 것 같습니다.

H&K 운동과학센터 대표 **김 유 경**

선수 트레이너의 길을 가는 여러분께.

SPECIAL ONE.
안녕하세요. 저는 광운대학교 체육학과와 연세대학교 물리치료학과를 졸업하고 현재는 선수촌 병원에서 스포츠 물리치료사로 일하고 있는 최형주라고 합니다.

같은 길을 가는 여러분들께 제가 감히 조언드릴 만한 사람은 아니지만 조금이나마 도움이 될 수 있을 경험들을 나누려고 합니다.

저는 지금의 선수촌병원에 오기 전에 광운대학교 아이스하키팀에서 2년, 정부서울청사와 일반 피트니스 센터에서 각각 1년, 프리랜서로 2년을 선수와 일반인 지도자로 일했습니다.

그 중에서도 제가 경험했던 선수 트레이너의 일을 통해 이 길의 방향성을 함께 모색해 봤으면 좋겠습니다. 저는 가장 중요하게 생각하는 부분이 선수 트레이너로서 스스로의 상품가치를 높였으면 하는 바입니다. 누군가가 먼저 여러분을 찾게 만드는 스페셜 원이 되는 것이죠.

현실적으로 우리나라에서 선수 트레이너에 대한 대우가 아직 좋지는 못합니다. 비정규직 고용은 당연히 감수해야 할 부분이며 노력에 비해 급여 등 대우도 부족한 실정입니다. 하지만 요즘은 열정업무, 열정페이 등의 상황들이 점점 나아지고 있으며 앞으로 더 좋아질 것이라고 믿습니다.

그러한 좋은 환경과 기회가 모두에게 주어지지는 않을 겁니다. 더욱 준비된 사람에게 더 많은 기회가 올 것입니다. 더 나아가 그곳에서 먼저 여러분을 필요로 해서 모셔간다면 좋을 것 같습니다. 특히나 각 분야별로 지도자들을 고용하는 선진 스포츠국가들과 달리 현실적인 제약 때문에 트레이너 한 명에게 다재다능함을 요구하기 때문에 많은 노력이 필요합니다. 선수들의 기본적인 치료는 물론 기능적 트레이닝, 심리적인 관리 능력 등까지 갖추는 것입니다. 자신의 무기가 많으면 많을수록 좋다고 생각합니다.

스페셜 원이 되기 위한 요소들 중 제가 중요하게 생각하는 것은 선수에 대한 진심어린 마음. 끊임없는 공부와 운동. 선수 장악력을 꼽고 싶습니다.

첫 번째. 어느 일이나 마찬가지로 사람을 대하는 일은 사람에 대한 진심어린 마음이 기본이라고 생각합니다. 특히나 신체가 아픈 상태에 놓여있거나 고된 운동을 직업으로 가지고 있는 운동선수에게는 더욱 중요한 것 같습니다. 그들에겐 마음의 위안과 동기부여가 중요한데, 상대방을 진실로 생각하는 마음만이 그것들을 이끌어낸다고 생각합니다. 가진 것이 별로 없던 처음의 저도 부진한 성적으로 어려운 상황에 놓인 광운대학교 아이스하키팀에 당돌히 찾아갔습니다. 그때 안면도 없는 감독님과 선수들을 제가 도와서 더 좋은 팀으로 만들 수 있다고 제안하여 시작하였는데, 아마 선수들을 생각하는 제 마음이 잘 전해졌던 것 같습니다. 그리고 그 마음이 처

음부터 끝까지 잘 유지됨으로써 훗날 좋은 성과를 낼 수 있었습니다.

두 번째, 근거에 기반한 최신 연구 내용들을 공부함으로써 선수들의 몸을 가능한 최적의 상태로 만들어 주어야 합니다. 최신 연구들을 공부하기 위해서는 영어공부도 필수라고 생각합니다. 하지만 현장에서 일을 하다보면 업무에 지쳐서 공부를 손에서 놓게 되는 경우가 많습니다. 그렇게 되면 지도하는 선수의 능력도 그 수준에서 멈춘다고 생각합니다. 그렇기 때문에 저도 체육학사와 건강운동관리사 등을 취득한 후에도 다시 물리치료학사를 취득하며 끊임없는 공부를 하고 있습니다. 지금은 그 배움들이 많은 도움이 되어 선수의 수술 후 초기재활부터 필드에 나가기 직전인 기능적 트레이닝까지 책임질 수 있게 되었습니다.

세 번째, 운동도 마찬가지로 내가 먼저 몸소 실천해봐야 선수들을 트레이닝 시킬 수 있다고 생각합니다. 저는 학창시절부터 지금까지 중요한 시험과 면접 등에도 불구하고 일주일에 6일은 단 하루도 운동을 빼먹지 않고 지금까지 꾸준히 해오고 있습니다. 내가 노력하지 않는 신체적 능력을 다른 이들에게 전달한다는 것은 전달력에 있어서 분명히 차이가 있기 때문이죠. 시각적인 부분도 무시할 수 없기 때문에 선수들은 배 나온 지도자보다 건강하고 신체능력이 뛰어난 지도자들에게 더욱 신뢰를 가질 것입니다.

네 번째, 선수 트레이너에 있어서 중요한 점이 선수 장악력이라고 생각합니다. 특히 이 능력은 개인 스포츠가 아닌 단체 스포츠 종목에서 더욱 필수적입니다. 이러한 능력도 앞서 말한 스스로의 지식과 운동 능력이 뒷받침 된다면 자연스럽게 선수들을 장악할 수 있을 것이라고 생각합니다. 더불어 카리스마까지 겸비한다면 금상첨화입니다. 한 예로 제가 처음에 아이스하키 선수들에게 다가갔을 때, 선수들은 저를 반신반의하며 바라보았습니다. 하지만 선수들의 궁금증들에 대해 만족할 만한 답변을 해주고 그들보다 뛰어난 신체 능력을 보여주는 순간 그들의 의심은 사라지게 되었습니다. 반대로 그 능력들이 부족하다면 수혜자인 선수들도 그것을 알게 되어 지도자에 대한 신뢰를 쌓기 어려울 것입니다.

저도 지금까지 앞서 말한 부분들을 게을리하지 않고 나아가고 있습니다. 이 일을 하는 동안은 멈추지 않을 것이라 여러분께 약속드립니다.

아직도 한참 부족한 저이지만 제 경험을 토대로 이 길을 함께 가려는 여러분께 나누어 보았습니다. 성공은 타고난 능력보다도 꾸준한 성실함이 만든다고 합니다. 그러니 여러분도 지금의 열정을 잃지 않고 포기하지 않는다면 분명히 성공할 것이라 믿습니다. 화이팅!

現 선수촌 병원 **최 형 주** AT

병원에서의 선수트레이닝

병원의 스포츠의학센터에서 어떠한 과정을 통해 운동선수에게 트레이닝을 접목시키는지, 궁금해 하시는 분들에게 조금이나마 도움이 되기를 기원해서 몇 가지 소개해드리려고 합니다.

저희 센터에서는 운동 손상으로 인한 신경 및 근육 혹은 관절계의 비정상적인 기능을 정상적으로 회복하기 위해 과학적인 검사시스템을 사용하고, 그에 따른 결과를 분석하여 효율적인 맞춤운동을 처방 및 지도합니다.

특정 신체 부위의 부적절하고 과도한 사용으로 인해 관절, 혈관, 신경, 근육 등에 미세한 손상이 발생하는데 이런 근골격계 질환으로 인해 수술 및 시술 또는 임상치료를 받은 선수들은 센터에서 운동을 하게 됩니다. 그 과정은 아래와 같습니다.

스포츠의학센터의 프로그램 과정

1.원인 분석 → 2. 운동 프로그램 계획 및 설정 → 3. 운동 프로그램 적용 → 4. 재평가 및 운동 프로그램 수정

1. 원인분석
1) SOAP, HOPS
① SOAP

```
┌─────────────────────────────────────┐
│          주관적 평가                 │
│ (증상을 호소하면서 이야기하는 부분들을 기록하는 것) │
└─────────────────────────────────────┘
                +
┌─────────────────────────────────────────────┐
│              객관적 평가                     │
│ (능동적, 수동적 가동범위 측정, 촉진, 이학적 검사를 통해 문제점으로 증명된 자료) │
└─────────────────────────────────────────────┘
                =
┌─────────────────────────────────────┐
│            계획 수립                 │
└─────────────────────────────────────┘
```

② HOPS
의사와 진료 결과(통증의 특징, 인접 척추 및 관절의 상태, 만성인지 급성인지, 과거병력 등)를 참고하여 문진을 진행하고 전체적인 체형과 문제 부위의 관절 움직임 패턴을 관찰, 촉진합니다. 또한, 부상부위의 이학적 검사를 진행하고 가동범위(ROM Test) 및 근력검사(Manual Muscle Test)를 시행합니다.

2) 장비를 이용한 검사
   ① 족부검사 : 'Gate view' 프로그램을 이용하여 정적, 동적상태의 족부 압력 분포 및 아치를 확인하고, 보행패턴을 분석합니다.
   ② 체형분석검사 : 'Posture analyzing' 프로그램을 이용하여 정적인 자세의 시상면, 관상면 및 Adam's test를 촬영하고 분석합니다.
   ③ 동적체평형검사 : 'Space Balance 3D' 기계를 활용하여 균형 검사를 통해 감각운동계에서의 신체조절능력, 근력검사를 통해 코어의 안정성을 평가합니다.
   ④ 영상판독: X-ray, MRI 통해 척추의 관절을 구성하는 뼈, 추간판, 근육, 인대, 건, 신경 등의 이상을 확인 할 수 있습니다.

3) 자세평가
   ① 정적검사 : 체형분석검사, 족부 정적검사 및 촉진을 통해 진행합니다.
   ② 동적검사 : 기본적인 움직임 패턴 및 관절의 제한 사항, 근육의 비대칭, 보상작용 등을 확인합니다.
   ex : 기능성 움직임 검사 FMS, 오버 헤드 스쿼트 평가, 싱글 레그 스쿼트 평가 등

2. 운동 프로그램 계획 및 설정
검사를 통한 분석 결과를 바탕으로 선수의 운동 목적에 상응하기 위해 특이성, 개별성 원리에 입각하여 운동 프로그램을 계획합니다.

ex : 재활, 체형교정, 건강 및 운동기능관련 체력 향상, 스포츠 기술의 발달 등 아무래도 병원이기 때문에 재활이나 체형교정을 목적으로 삼아 내원하는 분들이 많습니다. 그에 따른 대표적인 운동은 이와 같습니다.

1) 척추 및 코어 안정화 운동
2) 근신경계 활성화 운동
3) 관절의 가동성 운동 및 근육 스트레칭
4) 연부조직 이완술
5) 근육 강화운동 (Local muscle → Global muscle) / (Single Joint → Multi Joint)
6) 고유 수용성 감각, 신체조절 및 협응력을 위한 밸런스 운동

3. 운동 프로그램 적용
운동의 목적과 환부의 기능적 측면, 체력 상태 등에 따라 장비 및 소도구 등을 이용합니다.
ex : 바디 웨이트, 웨이트 머신 및 도구, 슬링, 소도구 (폼롤러, 짐볼, 보수, 밸런스 패드, 세라밴드, 메디신볼, 필라테스 링 등)

4. 재평가 및 운동프로그램 수정
4~8주 후 재평가를 통해 운동 전, 후를 비교하고 선수들에게 피드백을 제공합니다. 또한 결과를 분석하여 운동프로그램을 수정 및 적용시킵니다.

이 분야에서 일하면서 드리고 싶은 말
다양한 선수 혹은 일반인들에게 적합한 운동을 지도하기 위해서는 전공서적을 탐독하고 직접 운동을 해보며 몸소 느껴야 기억될 수 있습니다. 그로인해 어떤 동작이 안 되었을 때 문제점을 발견하여 더 적합하게 운동을 지도할 수 있습니다.

또한, 여러 자격증을 취득한 것에 의미를 두는 것이 아니라 그 과정에서 얻은 지식 및 기술을 실제로 활용 및 적용시켜야 합니다.

임상 혹은 필드에서의 경험을 쌓다 보면 책을 보며 공부하는 것과 다르다는 것을 느끼게 될 것입니다. 경험을 통해 다양한 케이스를 데이터화 및 정리 한다면 후에 비슷한 선수를 트레이닝 할 때 도움이 될 것이고 그것은 곧 자신만의 무기가 될 것입니다.

現 서울 G병원 스포츠의학센터 트레이너 우 연 준

한의원에서의 선수트레이닝

1. 선수트레이너를 하게된 계기
: 처음에는 보디빌더선수로서 활동하면서 작은 체구의 몸을 크게 만들고 발달시키는것만 집중을 했지만 이후 고중량으로 인한 부상과 기능이상 + 교통사고 후유증으로 선수생활을 접게 되었습니다.
그때부터는 재활과 기능향상에 집중관리를 받으면서 AT분들이 관리해주시는 모습을 보며 참 대단하다는 걸 느끼게 되면서 관심을 갖기 시작했습니다. 그리고 신체기능이 우수한 분들의 경우, 웨이트 트레이닝이 운동의 기준이 되었던 저를 되돌아 보게 되었고 이후 기능 이상과 훈련 및 시합도중 부상을 겪었던 분들에게 집중적으로 관심을 가지기 시작하였습니다.

전공자가 아닌 당시 제가 할 수 있었던건 전국을 돌아다니며 많은 교육을 듣는것부터 시작 하였지만, 너무나 많은 단체에서는 정확한 AT가 되는 방법과 교육은 찾기 힘들었기 때문에 더욱 혼란에 빠져있었습니다. 자연스레 자격증에 관심을 가지게 되면서 알아보던 중 NCCA 미국자격관리단체를 알게 되었고 미국의 공인자격증과 타국제자격증을 한국에서 응시할 수 있는 몇 가지를 선별하고 공부하여 취득하고 수료하게 되었습니다. (ACSM, FMS, NASM / KINESIO TAPING 등)

현재 대학에서 스포츠의학 및 통합의학과 진학을 위해 준비 중 입니다. 하지만 그전에 근무지였던 일반 휘트니스 센터에서는 관리대상(케이스)자분들을 쉽게 만날 수 없었고 그런 분들은 당연히 전문센터 및 병원을 찾아가고 있다는 걸 알았기에 휘트니스 센터를 총괄하던 모든 것을 그만두고 현재 거주하고 있는 제주도에 있는 재활센터 및 체형교정 센터에 문의와 이력서를 보냈습니다. 외부영향을 잘 안받는 섬 특성상 AT의 인식이 극소수의 전문가들 사이에서만 알고 있는 정도 였기 때문에 대부분의 병원, 전문센터에서는 물리치료사 분들만 채용 가능하다 하였습니다. 지금 현재 재직중인 후한의원 부설 포바즈 체형교정센터에서 운동처방사, 운동전문가의 제의가 들어왔을 때 급여는 상관없으니 일만 하게 해달라고 하여 이 일을 시작하게 되었습니다. (제가 직접 경험하지 않고서는 판단하기 힘들었기 때문입니다.)

2. 분석 및 처방
: 병원에서 특별한 진단이 안나 오거나 일상생활과 직업군에서 몸이 불편하신 중간 계열의 몸 상태를 가지고 계시는 분들이 많이 찾아주시는 체형교정 전문센터+한의원이기에 상담초기 체형전문촬영 장비와 족압분석기를 통한 신체정렬상태를 분석하고 원장님의 상담과 운동전문가(운동처방사)인 저에게 촉진, 동적, 정적 등의 움직임 평가를 하여 진단 및 운동처방이 이루어져 운동프로그램을 설정하고 있습니다. 관리 진행은 침 치료와 추나치료요법이 원장님이 진행하시고 이후 운동관련(근막이완요법, 테이핑, 운동) 프로그램은 제가 진행하고 있으며 일반인분들은 개인PT를 업무 외 진행하고 시합시즌에는 선수들의 케어 문의로 출장관리 해드리고 있습니다.

3. 좋은 점 힘든 점
: 좋은 점: 저의 운동 스승님과 선수 동료였던 분들이 이제는 저에게 관리를 받고 케어를 해드리고 그로 인해 좋은 성적과 부상에서 좋아지는 모습을 보며 이 직업에 대한 깊은 사명감을 가지게 되었고 좋은 것을 더 좋게 하는 것 도 좋지만 안 좋은걸 좋게 만드는 게 전자보다는 몇 배 더 뜻 깊고 제 직업에 자부심을 느끼게 해주는 것 같습니다.

- 힘든 점: 시합시즌이면 저의 개인적인 스케줄은 사라지고 선수들의 스케줄에 의해 결정되어 일상이 사라지는 것이며 이로 인해 집에 들어갈 수 있는 시간이 제한되기도 합니다. 그리고 관리했던 선수들이 매번 좋은 성적을 거두는 것이 아니며 같은 부위의 부상이 또 올때면 자괴감에 빠지기도 합니다.

힘든 점보단 좋은 점이 월등히 많지만 그만큼 자신을 희생하여 선수와 관리하는 분들에게 쏟아 부어야 하기 때문에 실질적인 저의 몸을 챙기지 못한다는 것입니다.

4. 조언 한마디
: 현직에서 많은 분들이 공감 또는 비슷한 말씀을 할수 있습니다. "선수를 위한 희생화 그로 인한 자긍심을 느낄 수 있다" 그리고 우리의 어머니와 같은 삶과 비유하기도 합니다.
내 자식이 필드나 시합(삶)에서 잘 적응하고 다치지 않게 모든 것을 해줄 수 있는 어머니의 헌신적인 삶 같이요… 부모님의 각 역할이 중요하고 꼭 필요하듯이 아버지와 같은 임상경험(현장)과 어머니와도 같은 이론적인 부분이 필요에 의해 조화롭게 이루어져 선수들에게 또는 고객들에게 전달되고 느끼게 해드리면 더 없이 좋겠지요…
누구나 하고자 하고 누구나 열심히 해서 많은 분들이 AT길을 걷고 있지만…
많은 분들이 현실의 벽인 경제적인 부분과 때론 자신의 삶이 없어짐으로 인해 오래 못 가 떠나가고 있는 실정입니다. 하지만 이럼에도 불구하고 이 길을 걷는건 우리가 내가 선택한 이 직업을 사랑하고 진심으로 대하는 자세들이 현직의AT 미래의AT 보다 더 발전된 AT 환경을 조금이라도 좋게 바꾸고 모두가 자랑스럽게 생각할 수 있는 직업군이 될 수 있게 노력하려는 분들이 있기 때문에 오늘도 새벽부터 내 자식들인 선수들을 위해 주섬주섬 치료가방을 챙기고 선수들의 몸을 체크하러 나갑니다.
그리고 긍정적인 소식은 선수트레이너의 역할은 선수들의 재활보다 부상예방이 핵심입니다. 이처럼 한의학에서도 치료 뿐만아니라 미병 상태인 환자는 아니지만 그렇다고 정상도 아닌 사람들을 환자가 되지 않게 건강하게 만드는 것을 목표로 AT의 고용이 증가하고 있습니다. 대표적으로 제가 근무하고 있는 후 한의원, 서울에 있는 피트니스 한의원, 수아연 한의원(EMS&진동운동), 부산에 자연안에 한의원&PT스튜디오, 뷰디즈(한의원+피트니스) 등 한의사와 협업을 통해 부상예방 및 건강증진을 목표로 하는 직장이 많이 생겨나고 있습니다. AT의 역할과 중요성이 점점 사회적으로 인정 받고 그 필요성 또한 나날이 증가하고 있기 때문에 AT를 지망하시는 분들은 열심히 노력하시면 꼭 그에 걸맞은 보상 또한 받으실 수 있을거라고 생각합니다.
"유명한 트레이너의 삶 보단 유능한 트레이너의 삶이 될 수 있도록"

現 후 한의원 부설 포바즈 체형교정센터 AT **안 도 혁**

필라테스를 통한 운동선수 트레이닝

운동선수들은 종목별 특성 때문에 체력 및 기술 향상을 위해서 반복된 트레이닝을 하게 되는데 고강도 훈련을 수행하면 흔히 국소적 상해를 포함한 다양한 종목별 문제점을 초래할 가능성이 높습니다. 특히 골프나 야구와 같은 주로 한쪽 방향으로만 회전을 하는 종목으로서는 주된 사용 부위를 중심으로 통증과 부상 발생 빈도가 높습니다. 운동선수들은 기술의 정확성이 매우 강조되고 신체적인 균형과 유연성이 기본적으로 요구되기 때문에 한쪽 방향으로 편측 움직임 동작을 많이 수행되면 신체의 불균형이 초래될 수밖에 없습니다. 이와 같이 선수들의 상해 발생을 예방하기 위해서는 관련된 특성에 따라 이를 보강해줄 수 있는 트레이닝이 필요하고 이에 요즘 운동선수들의 필라테스 프로그램이 많이 활용되고 있습니다.

운동선수에게 보이는 전형적인 문제점은 신체 불균형(Imbalance), 기능적 근력(Functional Strength)의 부족, 기능적 유연성(Functional Flexibility)의 부족, 조절능력과 정확성(Precision)의 부족, 근육의 시퀀스(Muscle Sequncing)을 제대로 활용하지 못하는 문제와 반복된 동작으로 강력한 습관적인 패턴들(Strong Habitual Pattens)의 문제점들이 전형적인 문제들로 이러한 문제가 누적되어 선수들이 부상을 당하게 되고 선수 생활에 치명적 문제점을 만들기도 합니다. 그렇기 때문에 각 종목별 특성에 맞는 움직임을 기능 해부학적으로 이해하고, 핵심 동작들의 필요 요소에 맞춰 필라테스를 적용해야 하는데 필라테스는 조절학(Conteology)을 근간으로 신체를 스스로 통제하여 균형을 이루는 운동이기 때문에 필라테스의 기본 원리인 자각, 정렬, 균형, 중심, 집중, 조절, 호흡, 정확성, 흐름, 기능, 조화를 통해 움직임의 조절 능력을 향상 시켜, 상하지의 움직임 동안 코어가 흔들리지 않게 파워하우스 역할을 제대로 수행 할 수 있게 해주는 장점이 있고, 발목, 무릎, 고관절, 견관절 등 각 관절별 움직임 제한을 찾아 움직임을 활성화 시켜주어 모든 관절들의 협응력 향상을 통해 안정적이며 강력한 파워를 낼 수 있도록 도와 줄 수 있습니다.

필라테스를 통해 전반적인 신체의 움직임과 위치에 대한 인식이 높아짐으로써 스피드, 민첩성, 순발력과 조정력 향상을 기대 할 수 있습니다. 이러한 움직임의 이해를 통해 선수의 경기력 향상 또한 기대 할 수 있으며, 필라테스 운동을 통해 근육의 균형과 함께 흐트러진 자세 변화를 잡아줌으로써 부상을 예방 할 수 있습니다.

그렇기 때문에 요즘 국가대표 선수들 및 프로선수들 또한 기존 체력훈련에 추가로 필라테스와 요가를 배우고 있습니다. 이처럼 선수트레이너는 기존에 전통적인 트레이닝 방법 뿐만 아니라 새로운 트레이닝 방법의 접목을 통해 선수의 부상 예방 및 경기력 향상을 극대화하는 방법에 대한 끊임없는 연구가 필요합니다.

現 국제재활코어필라테스협회 교육이사 **양 지 혜** AT

운동선수의 가압 트레이닝(Pressurization Training)의 적용

가압 트레이닝은 1966년 일본의 요시야키 사토 박사가 개발한 운동법으로 혈류조절이 가능토록 특수 제작한 공압 밴드를 팔과 다리에 착용하여 사지의 혈액의 흐름을 제한한 상태에서 저강도 운동을 실시하는 트레이닝 방법입니다. 혈류의 제한을 통하여 근육 내 다양한 화학적 반응을 이끌어 내 일상 생활 수준의 1RM 20% 수준의 저강도 운동으로도 고강도 운동의 효과를 볼 수 있으며, 단시간 내에 안정적인 방법으로 근육을 발달시키고 혈액순환 및 신진대사를 개선하여 성인병 예방 및 개선, 재활기간 단축 및 심혈관계 기능을 증진시키는 효율적이고 효과적인 운동법입니다.

가압 트레이닝에서 가장 눈여겨 보아야할 효과는 다량의 성장호르몬(Growth Hormone : GH)의 분비인데, 혈류조절을 통한 가압운동 시 일반운동 대비 최대 290배 많은 성장호르몬을 분비 (Studied by Tokyo Univ. Medical School, 2007) 시킬 수 있습니다. 성장호르몬은 이미 잘 알려져 있다시피 인슐린 유사 성장 인자(Insulin-like growth factor-1 : IGF-1)의 생산을 촉진하여 지방의 연소, 근육의 합성 및 재생을 돕는 호르몬입니다. 경기력에 직접적으로 영향을 줄 수 있는 호르몬이기 때문에 간혹 선수들에게서 주사를 통해 성장호르몬을 투여 받아 문제가 되기도 하는 경우가 생깁니다. 근육을 만들어야 하는 보디빌더 선수에게도 성장호르몬 요법은 많은 관심을 가질 수밖에 없는 분야이기도 합니다. 이러한 성장호르몬은 고강도의 대근육 운동을 할 때에 많은 분비가 일어나는데, 선수들에게 보조적 운동으로 가압트레이닝을 적용하게 된다면 고강도, 과부하의 트레이닝과 혼합하여 부상의 위험을 줄이고 안정적으로 퍼포먼스를 향상시키는데 많은 도움이 될 수 있습니다.

또한 일반 운동 시 순발력을 위한 속근 및 지구력을 위한 지근이 동시에 발달되지 않으나 혈류조절 가압 운동은 속근과 지근이 동시에 발달시킬 수 있으며, 일반운동 대비 다량의 젖산발생을 유도 최대 10배 빠른 속도로 근육을 발달시킬 수 있다고 합니다.

특히, 정상적인 강도의 훈련이 불가능한 재활군 선수에게 근손실로 인한 경기력 저하 문제를 예방하는데 가압트레이닝을 적용한다면 근손실을 줄이고, 빠른 경기력 회복과 필드로의 복귀를 도울 수 있습니다.

가압에 대한 연구는 지난 50여년 간 동경대, 미국 하버드대학 의과대학 병원 등 다양한 연구기관에서 임상 시험이 이루어져 효과와 안전성이 의학적으로 증명된 운동법입니다. 2009년도에 국내에서 경희대학교 농구부 선수들을 대상으로 실험을 진행을 하여 엘리트 선수들에게서 신체적 향상에 대한 그 효과를 검증하였으며, 또한 일본 동경 대학교 의과대학 21세기 의료 연구팀 하버드의과대학 부설 KAATSU(가압)의 연구결과를 살펴 보면 KAATSU 운동 시 일반운동 대비 10대의 경우 최대 15배, 60대의 경우 최대 32배 많은 성장호르몬 분비가 되었다는 연구결과를 볼 수 있습니다. 이처럼 가압 트레이닝은 일반인뿐만 아니라 선수트레이닝에 새로운 혁명과 같은 트레이닝 방법이 될 것입니다. 미국 같은 경우 USA 올림픽 (농구, 육상, 럭비, 수영, 수구, 스키)대표팀, Professional Teams : NFL, MLB, NBA, NHL (26 NFL구단, 20 MLB구단, 16 NBA구단, 8 NHL구단)과 하버드대 수영팀, USC 수영팀, 풋볼팀 외 총 108개 와 대학 스포츠팀에서 적용되고 있습니다.

이외에도 의료 및 군사 분야에도 활용되고 있으며, NASA, 하버드 대학병원, MIT, 미조리 주립대학병원, 해군병원, 특수군사력부 SOCOM(네비씰, 육,해,공군 특수부대) 등 에서도 활발히 활용되고 있으며, 일본에는 2300여개가 넘는 가압 트레이닝 센터가 운영 되고 있습니다.

현재 국내에서는 테니스 국가대표팀, 영남대 스포츠과학 센터, 씨름팀, Own Private Studio, BM 필라테스&PT, 피트니스한의원 등에서 활용되고 있으며, 스포츠패나틱에서 장비에 대한 연구 개발을 하고 있습니다.

선수트레이너라면 이처럼 스포츠과학의 발전에 따른 새로운 트레이닝 방법에 관심을 가지고, 다양한 트레이닝 방법을 적용한 효과적인 트레이닝에 대한 고민이 필요합니다.

現 스포츠패나틱 대표 **전 박 근**

운동선수의 EMS(Electrial Muscle Stumulation : 전기근육자극요법) 트레이닝의 적용

EMS(Electrial Muscle Stumulation : 전기근육자극요법) 트레이닝은 미세 전류를 이용하여 피부를 통해 국소 근육에 직접적인 자극을 주어 골격근 활동 전위의 변화를 야기하여, 트레이너의 의도대로 인위적인 근수축을 유도하는 방법입니다.

골격근을 수의적으로 수축시키는 과정을 살펴보면 우리의 의지에 의해 대뇌 및 척수로부터 신경을 통한 전기적 신호의 전달을 통해 근육에 전달되는 수축 명령을 보내게 됩니다. 이 전기적 신호는 근신경 접합부에서 화학 신호로 변환되어 근육의 표면의 전위차의 변화를 발생시켜서 근육 내 칼슘이온은 방출 시키고 근육을 수축시키게 되는데 EMS트레이닝 같은 경우에는 중추신경을 통하지 않고 바로 목표 근육에 전기적 자극을 주어 그 뒤에 근육에서 일어나는 동일한 근수축 기전에 맞추어 근육을 수축시키게 됩니다. 때문에 미세한 운동 단위의 자극은 불가능하지만 자연적으로 일어나는 근육의 수축의 형태 외의 자극이 가능합니다.

과거 국소 부위 치료 목적이나 우주인들의 근손실을 줄이기 위한 트레이닝 방법에서 장비의 발전으로 전신 수트를 입고 전신의 대근육군을 동시에 자극하는 WB-EMS(Whole Body-Electrical Muscle Stimulation)가 가능하며, 이를 통해 전신 근력 트레이닝이 가능합니다.

EMS 트레이닝은 전신의 근육을 동시에 자극하여 운동을 하기 때문에 특정 움직임을 주도하는 주동근과 협력근 외에 모든 근육이 수축을 하게 되고 이에 따라 많은 칼로리가 소모되며, 주동근의 움직임을 더욱 어렵게 만들어 트레이닝의 강도를 높이게 됩니다. 주동근에서의 단축성 수축과 길항근에서의 신장성 수축을 동시에 극대화시킬 수 있으며, 속근과 지근을 한 번에 자극하여 단위 시간 내에 큰 운동 효과를 낼 수도 있습니다.

특히 장비에 대한 특성을 제대로 이해한다면 억제된 근육 및 코어 활성화를 조금 더 효과적으로 줄 수도 있습니다. EMS트레이닝에 대한 연구는 신체구성, 심혈관 기능, 근력, 내분비계, 대사 질환, 요통 등 다양한 분야에서 효과 검증이 이루어지고 있지만 아직은 그 효과나 트레이닝 방법들이 검증되고 발전하는 단계에 있습니다.

과거의 EMS트레이닝은 1960년대 구소련의 엘리트 체육 선수들에게 적용이 되었었고, 1990년대 독일의 프로축구 선수 및 미국의 F1 레이서들에게서 사용돼 왔습니다. 국내의 경우 트레이닝에서 부상 선수를 재활하는데 쓰여 왔는데, 거의 국소 부위를 자극하여 근위축 개선 및 근손실을 방지하는데 초점이 맞추어져 있었습니다. 하지만 현재 장비의 발달로 전신의 근육에 동시의 수축을 유도하여 좌우의 깨진 근육 밸런스를 맞추는데 도움을 줄 수 있으며, 근육을 이완시킬 수 있는 모드의 이용을 통해서 운동 후 회복에도 사용이 가능합니다. 최근 국내 KPGA 골프 선수들에게 EMS를 적용하는 사례들이 늘고 있으며, 외국의 경우 일류 스포츠 스타들도 EMS로 추가적인 트레이닝을 진행하고 있습니다.

또한 EMS 트레이닝의 경우에는 전류의 주파수의 크기 조절 및 부위별 섬세한 조정을 통해서 워밍업부터 유산소, 속근 및 지근 자극, 회복까지 근육을 다양하게 자극할 수 있는데, 선수 트레이닝의 목적과 타이밍에 맞추어 적재적소에 사용한다면 더욱 정교하고 효과적으로 선수의 기량을 올리는데 도움이 될 것입니다.

現 Own Private Studio 대표 **이 서 진**

운동선수의 클럽 & 메이스 트레이닝의 적용

클럽&메이스 란?
현재 선수트레이닝에서 어깨를 위한 Prehab/Rehab Tool 로서 기대를 한몸에 받고있는 클럽벨, 인디언클럽, 페르시안밀, 메이스벨 등을 통칭하여 클럽&메이스라 한다. 이 방망이들 중 특히 페르시안밀과 메이스벨은 아주 오랜 역사를 가지고 있는 훈련도구로 이를 활용한 전통 스포츠 경기(주르카네스포츠)가 있으며 인도와 이란에서는 현재까지도 레슬링 선수트레이닝에서 사용되고 있다.
역도에서 사용되는 바벨이라는 도구가 현재는 거의 모든 스포츠 선수들의 근력 트레이닝 도구로서 사용되는 만큼 시간이 지나면 클럽&메이스 또한 다양한 스포츠 종목에서 활용될 것으로 기대를 모으고 있다.

도구 특성
클럽&메이스는 긴 방망이 끝에 극단적으로 무게가 쏠려있는 비효율적인 구조를 가진다. 특히 메이스벨은 가장 긴 핸들과 극단적인 무게추 구조로 인해 운동시 최소 4배로 토크값이 커진다. 이러한 비효율적인 도구를 다루기 위해서는 사용자의 움직임은 가장 효율적으로 움직여야만 한다. 클럽&메이스를 활용해 트레이닝 하면 선수는 가장 좋은 시퀀스와 타이밍으로 체중이동, 척추회전에 맞게 어깨를 협응하는 움직임을 스스로 자각하고 터득하게 된다. 또한 견갑대 안정화 스킬이 좋아지고 어깨의 가동성은 더 좋아진다. 클럽&메이스가 원심력을 가지고 내 몸과 멀어지려는 성질이 있어서 그것에 저항하는 선수의 근막은 하나의 장력체로서 팽팽해져 안정화 기술을 스스로 자각하게 되고 클럽&메이스 운동 중 관절은 감압이 일어나 긴장이 빠지고 가동성이 좋아진다.

운동 효과 및 기대
클럽&메이스는 인간 본연의 견갑상완 리듬을 되찾게 해주는 기능성 트레이닝 도구이다. 어깨를 포함한 상지의 부상이 많은 수영, 야구와 같은 스포츠에서 부상 예방 및 부상 이후 기능 재활훈련에 탁월하다. 또한 단순한 재활 소도구를 넘어 스트렝스 및 컨디셔닝 훈련으로도 활용될 수 있는데, 특히 기대가 되는 종목은 테니스, 베드민턴 등의 라켓 스포츠와 Throwing pattern을 메인으로하는 야구, 핸드볼 등의 구기종목, 업어치기 패턴을 메인으로하는 유도와 레슬링 등의 투기 종목이다. 이미 클럽&메이스 운동을 베이스로 선수 트레이닝을 하는 이란의 레슬링 선수들은 세계적으로도 그 강함을 증명하고 있고 클럽&메이스 운동의 효과를 입증할 만한 아주 좋은 사례이다.

시합
클럽&메이스만을 전문화해서 시합을 치루는 시합은 이란을 종주국으로하는 주르카네 스포츠와 인도에서 열리는 가다 컴페티션이 있다. 주르카네스포츠에서는 15kg의 우든 클럽(페르시안밀) 두개를 가지고 스윙 최대반복 횟수로 경쟁하며 인도 가다 컴페티션에서는 최대한 무거운 무게의 메이스벨(60kg 이상)을 가지고 스윙 최대 반복 횟수로 경쟁한다.

조언 한마디
트레이닝 세계는 넓고 아직 미개척된 분야가 많습니다. 한계에 머무르지 않고 계속해서 탐구하고 도전하시길 응원합니다.

現 하우스 오브 스트렝스 공동대표 **김 주 현**

움직이는 선수트레이닝 센터 (The Fitness Van)

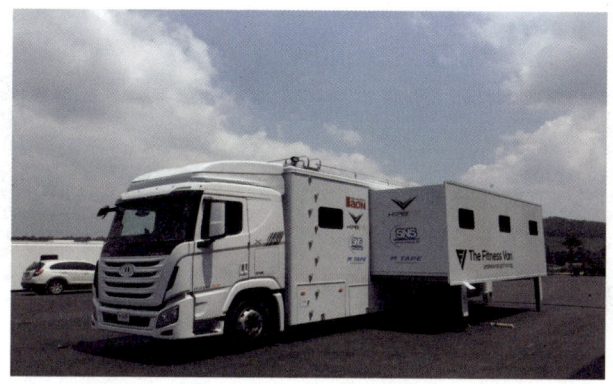

국내 선수트레이닝 시장에도 이제 움직이는 선수트레이닝 센터가 생겼습니다.
골프 선수 트레이닝을 위한 전용 VAN 으로 투어 선수들이 시합장에서도 체력관리와 몸 상태를 수시로 체크하고 관리하여, 전체적인 컨디셔닝을 진행 할 수 있도록 9.5톤 트럭을 개조하여 선수트레이닝 센터로 만들어진 VAN 으로 선수들이 부상없이 컨디션을 끌어 올려 대회에서 실력을 마음껏 발휘 할 수 있도록 서포팅 하는 것을 목적으로 운용되는 국내 최고의 피트니스 투어 밴 입니다.

KLPGA 1부 투어의 모든 시합장에서 활약 중이며, 오전 시합전 다이나믹 스트레칭 및 오후 시합 후 정적 스트레칭과 전체적인 부상관리와 컨디셔닝을 할 수 있는 프리스팀, 하이퍼볼트, 베놈, 미라클 EMS PET, 레블프로, 하이퍼아이스, 레드밸런스 트레이닝 용품들과 마사지 베드가 준비되어 있으며 피트니스 벤에서 선수들에게 제공하는 서비스는 크게 웜업, 시합 전 경직된 근육의 케어, 아이싱, 리커버리, 부상부위 관리, 스포츠 테이핑, 보호장비 등 입니다. 더 피트니스 밴 운영진은 최신 전문 장비뿐만 아니라, 바디메카닉과 KMW팀이 손을 잡고 선수들에게 최상에 경기력 향상을 위한 트레이닝 프로그램을 제공하고 있습니다.

2018년 klpga 1부 투어 투어밴 이용선수 들로는 배선우, 박결, 조정민, 박채윤, 인주연, 서연정, 조윤지, 홍란, 김수지, 나다예, 박소연, 안송이, 이효린, 임은빈, 이주미, 임진희, 안시현 선수 등이 있으며 계속해서 투어벤을 찾는 선수들이 늘어나고 있으며, 또한 2019년 부터는 더 피트니스 투어밴과 함께 선수들에게 영광스러운 순간을 만들어 주자는 목표로 골프 선수트레이닝 전문 센터 글로리어스(glorious)가 함께 운영 됩니다.

이처럼 한국의 선수트레이닝 시장에서도 이제 구단이나 팀, 학교, 지역 센터를 넘어서 이동하는 선수트레이닝 센터들이 늘어나고 있기 때문에 선수트레이너들이 활동할 수 있는 무대가 점점 더 많아지고 있기 때문에 앞으로의 선수트레이닝 시장의 발전을 기대합니다.

現 더 피트니스 투어밴 KMW실장 **전 익 주**

선수들의 최신 리커버리 방법 초저온 냉각요법
(Cryo Therapy)

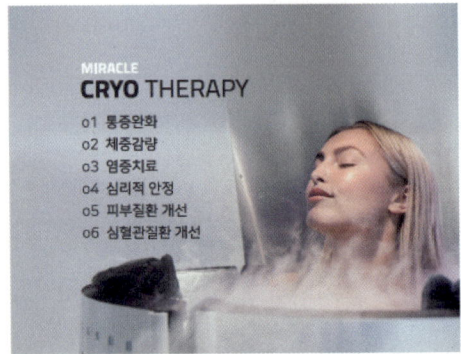

크라이오 테라피는 액화질소 가스를 사용하는 일종의 물리요법으로, −80℃ ~ −150℃로 낮춰 극저온의 냉각상태에서 인체가 극히 단시간 동안 노출되는 간단한 처리만으로, 다양한 질병 증상들을 제거하거나, 또는 건강상태로 호전시키 치료법을 말합니다.

크라이오 테라피는 면역 및 내분비 시스템의 집중적인 자극을 제공하여 신체의 상태를 정상화하고, 엔도르핀의 혈액 포화 상태를 제공하여, 몇 시간 동안 통증을 느끼는 감각을 차단함으로써 스트레스를 감소시키고, 불면증 및 우울증 증상을 감소시킬 뿐만 아니라, 혈액순환을 도와 몸에 쌓여있던 노폐물과 피로물질을 제거하고 산소, 영양분 및 효소를 모 속 전체에 공급하도록 도움을 주며 신체가 지닌 면역기능을 활성화시켜 운동회복, 피부미용, 다이어트 및 전신 건강에 도움을 주며 노화의 징후를 없애주는 냉각 사우나 입니다.

또한 크라이오 테라피는 전신에 치료 효과를 제공하며, 스파, 호텔 및 리조트, 피트니스, 웰빙 센터, 국가대표 및 프로 스포츠 팀의 복구 및 재활에 성공적으로 사용되고 있습니다. 선수 트레이너라면 이러한 최신 한랭요법을 이해하고, 고강도 훈련과 누적된 피로가 많은 선수들의 부상 예방 및 빠른 리커버리로 선수들의 경기력 향상을 위해 적용해 보시기 바랍니다.

現 차의과학대학교 통합의학대학원 교수 **최 희 정**

Chapter 2.
종목별 선수트레이닝 이야기

핀수영 선수트레이닝

1. 선수트레이너를 지원하게 된 계기
초등학생부터 태권도를 시작하고 대학까지 태권도전공으로 입학하였지만, 부상이 많아 운동을 그만두었습니다. 운동을 그만두고 나면 대부분에 선수들이 고민하는 것처럼 무엇을 해야 할지 막막하였고, 수많은 병원과 센터를 다니며, 재활을 반복하는 것에 지쳐, 제대로 공부해서 내 몸부터 좀 고치고 싶어서 스포츠의학과로 전과를 하고 공부를 하게 되면서 선수트레이너를 목표로 하게 되었습니다. 그래서 스포츠의학 전공 공부와 스포츠지도 전공을 복수전공하며 보디빌딩을 시작하였습니다.

학업을 병행하며 보디빌딩 시합도 출전하고, 선수트레이너협회와 체력코치협회의 연수를 받으면서 선수트레이너가 되기 위해 준비를 하였고, 복싱, 킥복싱, 보디빌딩, 골프, 핀수영 종목의 선수들을 트레이닝 하였고, 지금은 선수트레이닝 및 필라테스, 프리햅운동, 컨디셔닝 방법 등에 필요한 전문 지식을 가르치는 대한예방운동협회와 국제재활코어필라테스협회, 바디메카닉(B.M Company)이라는 교육단체를 운영 중에 있고, 국민대 평생교육원, 한양대 사회교육원에서 학생들을 가르치고 있습니다. 그리고 예방의학사라는 작은 출판사를 만들어 관련 교재 및 여러가지 책을 기획하여 정보를 공유하고 있는데 이 책은 선수트레이너를 희망하시는 분들께 경험을 공유하고자 기획하였고 제가 했던 종목인 핀수영 이라는 종목에 경험담을 이야기 해 보겠습니다.

2. 종목의 소개
핀수영(Finswimming)은 모노핀(Monofin)또는 바이핀(Bifin)을 양발에 차고 장비를 활용하여 앞으로 나아가는 수중 스포츠의 한 종류이다. 핀수영과 일반 수영과의 차이는 크게 3가지인데, 첫 번째 핀수영은 수영장 경기와 저수지, 바다, 강 등에서 이루어지는 오프워터 경기로 나뉘며 일반수영 대회는 수영장 경기만 이루어진다.

두 번째 차이는 장비에 있다고 볼 수 있다. 일반수영은 인간의 기본적인 신체조건을 이용하지만, 핀수영은 여기에 추진장치인 모노핀, 짝핀과 숨을 쉬도록 하는 스노클(호흡잠영시 공기통) 등의 도구를 이용하여 유발되는 스피드에 있다고 할 수 있다.

세 번째 핀수영의 매력이라면 단연 크고 힘찬 역동적 동작에서 나오는 빠른 스피드이다. 이 스피드는 모노핀에서 나오는 추진력을 말하며, 모노핀 수영은 돌고래가 물을 가르는 모양의 돌핀킥이 가장 많이 이용되며, CMAS에서 인정하는 경기들은 크게 수영장경기, 잠영경기, 장거리경기(오픈 워터)로 나뉘며, 남녀 개인경기, 단체경기, 계영경기로 구분된다. 수영장경기는 다시 표면경기 · 계영으로, 잠영경기는 호흡잠영(스쿠버잠영)경기 · 무호흡 잠영경기로 나눈다.

기록이 공인되는 거리와 종목은 수영장경기의 경우 50m · 100m · 200m · 400m · 800m · 1,500m · 1,850m의 표면경기, 4x100m, 4x200m의 계영이 있고 잠영경기의 경우 100m · 400m · 800m의 호흡잠영경기, 스쿠버를 사용하지 않는 50m 무호흡 잠영경기가 있다. 강, 호수, 바다와 같은 자연환경에서 행하는 장거리수영은 거리가 3,000~8,000m까지 다양하나 기록은 공인되지 않는다.

3. 공부해야 하는 과목 및 자격증

핀수영 또는 수영 종목의 선수트레이닝을 잘하기 위해 일단 수영에 대한 이해와 핀수영의 특성을 이해하는 것이 필요했습니다. 이때 도움이 많이 되었던 것이 바로 라이프가드를 취득하며 배웠던 것과 수영지도자 자격증 및 심판 연수를 받고 취득하였던 것, 스킨스쿠버를 배웠던 점입니다. 저는 복싱팀에 있을 때도 그랬지만 그 종목 선수들을 이해하고 잘 트레이닝 하기 위해서는 그 종목을 경험해 보는 것이 가장 중요하다고 생각하여, 프로복싱 라이센스를 취득하기도 했었는데 핀수영팀 에서 일할 때도 그래서 선수들한테 핀수영을 배워보고 이러한 동작이 많기 때문에 과사용과 부상이 생기는 지를 이해할 수 있었고, 그에 맞춰 운동프로그램을 계획 할 수 있었습니다. 자신이 관심 있거나 일하게 된 종목을 직/간접적으로 체험해 보는게 가장 중요한 공부가 아닌가 생각됩니다. 그래서 추천 하는게 지도자 또는 심판 연수이며, 생활스포츠지도사, 전문스포츠지도사 또한 면접을 볼 때 해당 종목을 가지고 있으면, 종목에 대한 이해가 있다는 근거가 되기 때문에 AT 자격 취득 뿐만 아니라 이러한 관련 종목에 대한 것을 추가로 취득하는 것을 추천 드립니다.

4. 좋은 점과 힘든 점

선수트레이너를 하면서 좋은 점은 선수들의 기록 향상에 따른 보람을 느끼는 것입니다. 특히 구기와 같은 경쟁 스포츠에서는 선수트레이너의 트레이닝의 효과 때문에 좋아졌다는 것을 객관적으로 증명하기 어렵지만, 핀수영팀 에서는 기록 종목이기 때문에 트레이닝 프로그램의 영향으로 당장 그날의 기록이 감소하기도 하고, 기록이 증가하기도 하는 것을 보면서 내 역할의 중요성과 책임감을 느끼며 일할 수 있어 트레이닝을 공부한 것을 현장 적용하며, 일할 수 있었던 점이 좋았습니다. 또한 핀수영은 상대적으로 국내 시합이 많지가 않습니다. 국제시합 또한 국내 선수들이 1-2개 정도 밖에 나가지 않는데 국내 시합은 전국학생핀수영선수권대회, 이충무공배전국핀수영선수권대회, 인석배 겸 전국종별핀수영선수권대회, 회장기전국핀수영선수권대회, 전국체육대회 수중경기가 있는데 선수권 대회때 국가대표 선발전을 겸해서 기록으로 선발을 하게 됩니다.

그래서 시합에 대한 부담이 다른 구기 종목 같은 팀스포츠에 비해 부담은 적고 개인기록 성적이 중요하기 때문에 선수 개개인에 대한 관리가 필요합니다. 또한 제가 일했던 핀수영 팀은 타종목과 다른 특이점이 있는데 바로 한팀에서 다양한 실업팀이 한 감독님 아래서 훈련을 한다는 점이었습니다. 그래서 시합 때도 팀을 응원하기 보단 제가 가르친 선수들 끼리 경쟁을 하기 때문에 그저 다들 연습한 만큼 최선의 기량을 선보일 수 있도록 개개인별 관리를 해주는 것이 필요했고 이렇게 해주기에는 30명에 가까운 선수를 혼자 트레이닝 해야만 했기 때문에 모두다 신경을 써주기 어려운 점이 있었습니다. 그리고 훈련장소 또한 50M 시합 규격 수영장이 있는 곳이 한정되어 있었는데, 한체대, 서울체고, 올림픽공원수영장으로 이용시간 또한 제한이 있어서 훈련에 어려움이 있었습니다. 하지만 제 입장에서는 인접해 있는 위치에 밀집해 있어서 출퇴근이 가능했고, 주말에는 훈련이 없어 세미나, 워크샵 등을 다닐 수 있었고, 대학원을 다니며 학업과 일을 병행 하던 시기였습니다.

일반적으로 선수트레이너들은 대부분 개인시간이 없는 것에 비하면 제가 근무했던 여건은 천국과 같다고 볼 수 있었죠. 팀의 선수들의 일과 스케줄은 오전 수영, 오후 피지컬 트레이닝, 오후 수영 보강훈련으로 구성되어 있었는데 제 역할은 오후 피지컬 트레이닝 파트만 전담하게 되어 처음에는 전용 트레이닝 장이 없어 근처 헬스장을 대관하여 트레이닝 지도를 하게 되어 다소 환경이 열악한 환경에서 20~30 명의 선수를 효율적으로 훈련시키기가 힘들었습니다. 하지만 추후 트레이닝의 가치를 인정받게 되면서, 감독님께서 전용 트레이닝 공간을 마련해 주어 트레이닝 장비를 하나 둘씩 모으고, 꾸미며 선수들을 훈련시키기 최적화된 모델을 만들기 위해 노력하였습니다.

5. 이런 부상이 많다
핀수영은 핀이라는 장비를 사용하는데 이 장비의 평균 무게가 4kg ~5kg 정도 나갑니다. 핀은 인어 지느러미처럼 생겨서 물속에서 강한 추진력을 만들어 주는데 그만큼 발목과 허리에 강한 부하를 지속적으로 가하기 때문에 이로 인한 발목, 허리 부상이 가장 많이 발생하고, 추진이 강하기 때문에 결승지점에서 터치를 하다 손목을 다치는 경우 또한 많이 있습니다. 그래도 야외 접촉 스포츠들에 비해서는 부상률이 상당히 낮은 편으로 볼 수 있습니다.

6. 이런 훈련을 많이 한다
핀수영 팀에 처음 들어가서 가장 당황 했던 것 중 하나가 선수들의 훈련 방법이었습니다.
수영선수하면 길고, 유연한 모습을 생각했는데 마치 드워프 같은 강한 하체와 상체가 있었는데 핀이라는 장비를 쓰기 때문에 수영 종목에 비해 강한 근력과 파워가 필요하기 때문에 이러한 체형이 유리하여. 수영 종목은 세계적으로 아직 경쟁력이 부족하지만 핀수영 같은 경우 국내 선수들이 세계 정상급 기량을 발휘 하며 랭킹 1, 2위 및 챔피언을 하고 있습니다. 그런데 처음 선수들을 만나 자세체형 평가(자세평가)와 기능성 움직임 검사를 해본 결과 움직임에 제한이 많이 있었고, 촉진 평가를 해보면 근육의 긴장도가 높아 보였습니다. 그래서 체력 코치로 들어갔지만 첫주에는 회복 훈련을 목적으로 폼롤링과 모빌리티 트레이닝 위주로 트레이닝을 시작하였습니다. 그 결과 감독님한테 찍혀서 쫓겨날 뻔도 했지만, 다행히 트레이닝 결과 기록이 바로 증가하기 시작하였고. 인정을 받아 트레이닝의 전권을 위임 받아 지상 훈련 만큼은 제가 계획한대로 전적으로 할 수 있게 해주셔서 주로 하체 근력 위주로 강화되어 있던 선수들에게 상체 근력을 강화시켜 밸런스를 맞추어 주고, 흉추 모빌리티와, 고관절 모빌리티를 많이 해주었고, 수영 전후에도 다이나믹 워밍업을 필수로 하게 루틴을 짜주고, 폼롤러도 매일 같이 스스로 하게끔 하였습니다. 파워 훈련도 기존에 점프 훈련 위주로 많이 하였는데 단조로운 패턴 위주로만 하다 보니 선수들이 지루해 하여 참여도가 떨어졌는데, 다양한 루틴을 짜주고, 이를 정리하여 사진이나 그림을 다 넣어 프로그램 북을 만들어 주었습니다. 그리고 선수들이 많다 보니 다 관리해줄 수 없어 파트너를 정해주고, 서로 PNF 스트레칭을 해줄 수 있도록 선수들을 가르치고, IASTM 근막이완 및 테이핑 방법 또한 선수들에게 교육을 해서 제가 다 커버 못하는 부분을 보완하였습니다. 지금 생각해보면 이때부터도 강의 하는 것과 자료를 만드는 것을 좋아 했던 것 같네요.

7. 조언 한마디

선수트레이너의 자산은 경험뿐만 아니라 기록과 정리입니다. 어떠한 프로그램을 왜, 무슨 목적으로 했었는지, 그 결과가 어떠했는지 자료로 남겨 놓는 것입니다. 그리고 공유하는 것입니다. 이 책을 기획한 의도 또한 작은 경험이 모여 쌓이고 이를 공유하면 더 큰 가치를 만들어 낼 수 있을 것을 기대하며 뜻있는 분들을 한분 한분 섭외하며 작업을 진행 하였습니다. 선수트레이너는 분명 되는 과정도 힘들고, 하는 과정 또한 육체적, 정신적, 경제적으로 쉽지 않은 과정입니다. 하지만 분명 그 안에 수많은 가치가 있고, 의미가 있기 때문에 수많은 선수들과 팀에서 지금도 같이 땀 흘리고 호흡하는 분들이 많이 있고, 이러한 모습을 보며 꿈을 키워가는 많은 선수트레이너 지망생 분들에게 도움을 드리고자 기획하였으니 다들 꿈과 목표를 향해 나아가시는데 작은 도움이나마 되시기 바랍니다.

前 핀수영팀 AT **백 형 진**

수영 선수트레이닝

1. 선수트레이너를 지원하게 된 계기
어린시절을 떠올려 보면 앉아 있기보다는 뛰어 놀기를 더 좋아하는 외향적인 성격의 아이였다. 직접 몸으로 운동을 하는 것도 좋아했지만 "왜" 몸은 변화고 좋아지는지가 더 관심사항이었다. 대학교에 진학하고 열심히 보디빌딩을 하고 나니 더욱 더 몸의 변화가 궁금해지기 시작했다. 남들보다 운동생리학, 해부학, 마사지, 재활 등에 관심을 가지고 배우고 나니 정작 배운 이론을 접목할 수 있는 분야가 선수트레이닝이었다. 하지만 제가 학교를 다닐 당시에는 한국 엘리트 체육에서 선수트레이너란 개념을 찾기 힘들었다. 그래서 헬스장 트레이너를 하며 한 명 두 명씩 지도하는 것으로 만족하면서 지내다가 시대가 변화면서 지금의 선수트레이너의 자리로 자연스럽게 오게 되었다. 특히 수영은 대학교 때 2부 리그 시합을 뛰면서 강사생활까지 거의 10년을 함께 한 종목이다 보디 자연스럽게 선수들의 트레이닝을 가장 이해하며 할 수 있게 되었다.

2. 좋은 점과 힘든 점
선수트레이너를 하면서 좋은 점은 선수들이 좋은 결과를 얻게 되고 기술코치들과의 상호존중과 스스로의 만족이 가장 클 듯 싶다. 선수는 결국 결과로 말하는 것이기 때문에 기술적인 부분과 체력적인 부분이 가장 좋게 협업 되었을 때 기쁨이 많이 생기는 것 같다.
반대로 힘든점은 선수의 결과가 나빴을 때 가장 책임을 묻기 쉬운게 선수트레이너의 관리소홀 혹은 컨디셔닝 실패. 이는 피해갈 수 없는 직업의 특성인 듯 하다. 또한 기술트레이닝의 뒤에서 도와주는 역할을 하다 보니 자연스레 좋은 결과 보다는 나쁜 결과에서 많은 책임을 지게 된다. 그래도 선수들은 진심을 알아 주는 경우가 많으니 너무 걱정하지는 않아도 된다. 그리고 시합이 있을 때 출장을 가기 때문에 체력적인 부분에서 관리가 꼭 필요하다. 시합장에서의 선수들은 누구보다 예민하기 때문에 그로 인한 감정소모 또한 힘든 부분 중 하나이다.

3. 이런 부상이 많다
수영선수의 경우 모든 관절의 부상이 많지만 그 중에서도 어깨와 허리 부상이 제일 많이 발생한다.
수영이라는 종목의 가장 큰 추진력이 상체의 파워에서 나오다 보니 회전근개를 중심으로 많은 피로가 누적되고 손상이 발생하게 된다. 또한 상체와 하체의 협응력이 기록에 가장 큰 역할을 하기 때문에 연결부위의 약화는 선수에게 치명적이 된다. 하체는 끊임없는 발차기 동작이 바로 통증을 유발하는 가장 큰 원인이 되고 그로인해 근육정렬의 틀어짐이 결국 허리 통증을 유발하는 이유가 된다.
위와 같은 부상이 심할 경우 병원치료를 우선적으로 실시하게 하고 최소한의 운동을 할 수 있는 상태에서만 트레이너가 맡게 된다.
보통 컨디셔닝을 통해 근육의 과활성화 된 곳을 tone down 시키게 되고 마사지 오일을 통한 혈액순환을 기초로 진행하게 되고 근기능의 근력 회복은 선수의 상태를 봐가면서 진행을 하게 된다.

4. 이런 훈련을 많이 한다

수영선수의 경우 물에 대한 유체저항을 줄이는 게 가장 중요한 트레이닝이 된다. 몸의 유선형을 만들기 위해서는 발차기 동작이 가장 우선시 된다. 영법에 따라 조금씩 다르기는 하지만 주로 다운킥과 업킥을 모두 효율적으로 사용하기 위해 대퇴근육들과 고관절 주변 근육을 많이 트레이닝 시킨다. 코어근육의 중요성은 가장 기본적이기 때문에 당연한 것이다. 실제 선수들의 추진력은 평영을 제외하곤 상체에서 나온다. 그렇기 때문에 시합주기에 맞춰서 정적 근력트레이닝 후 동적 근력트레이닝을 실시한다. 이는 건강체력과 운동체력의 차이라고 생각하면 쉬울 것이다.

수영선수는 1/1000의 초를 다투는 경기이기에 최소한의 물의 저항과 최대한의 근육 협응력이 승패를 좌우하게 된다.

그래서 지상훈련을 통한 동작의 자동화를 만들어내고 각 구간별 힘을 나눠서 추진력의 최고상태를 만들어 낼 수 있게 도와야 한다. 결국 모든 운동은 특이성의 원리로 접근해서 마무리해야 한다. 즉 실제 시합에서 사용되는 근육의 형태와 강도 및 동작을 만들어 내야만 좋은 결과를 만들 수 있기 때문이다. 체력트레이닝은 이 모든게 실제 기술동작에서 사용될 수 있게끔 만들어 주게 된다면 성공하는 것이다.

5. 조언 한마디

선수트레이너는 책임감이 굉장히 필요한 직업이다. 아직 성숙하지 못한 어린 선수부터 생계를 책임지는 가장들까지 다양한 연령층과 성별이 존재한다. 때론 엄마처럼 따뜻하게 감싸 안아주어야 하고 때론 강한 동기부여를 통한 정신력을 일깨워 주어야하기도 한다. 또한 끊임없는 자기계발이 필요합니다. 시대가 빠르게 변하고 최신이론들이 너무나도 넘쳐나기 때문에 지금의 자신에 안주하지 않고 노력하는 사람이 되어야만 자신의 위치에 걸맞은 사람이 되리라 여긴다. 마지막으로 모든 지도자들은 최고가 없습니다. 최선을 다하고 지금 내 앞에 있는 상황에서 누구보다 고민하고 노력하는 사람만이 자신의 자리를 지키고 좋은 트레이너가 될 수 있다고 생각한다.

現 PACE 선수트레이닝 센터장 **문 기 범** AT

봅슬레이 스켈레톤 선수트레이닝

1. 종목의 소개

봅슬레이는 썰매를 탄 선수들의 몸이 앞뒤로 끄덕거리며 흔들리는 모습을 형용한 '봅(Bob)'과 썰매를 뜻하는 '슬레드(sled)'가 합쳐진 데서 유래하였습니다. 19세기 후반 스위스의 장크트모리츠에서 썰매타기 코스를 만들어 경주를 하면서 스포츠의 형태로 자리를 잡기 시작하였으며 1924년 프랑스 샤모니에서 남자4인승 경기만 치르다가 1932년 남자2인승 종목이, 2002년부터 여자 2인승 종목이 추가되었습니다. 1950년대부터 본격적으로 봅슬레이가 발전하기 시작하였으며 이때부터 스타트의 중요성이 부각되어 빠른속도로 수십 미터까지 썰매를 밀면서 가속도를 내는 방식이 도입되었습니다. 시합때는 항상 썰매의 무게와 선수의 체중 그리고 장비 까지 합산한 무게를 재도록 규정되어 있으며, 봅슬레이 2인승은 390kg, 4인승은 630kg를 넘을 수 없도록 규정하였으며 여자2인승의 최대 중량은 350kg로. 미달한 경우에는 부족한 중량을 채우기 위해 무게추 등을 추가 할 수 있고, 포지션에는 파일럿, 푸시맨, 브레이크맨이 있으며 브레이크맨은 결승선을 통과하면 썰매를 정지시키는 역할을 합니다.

스켈레톤은 1884년 생모리츠에서 처음으로 경기가 열린 뒤 스포츠 종목으로 자리잡게 되었으며, 1923년 국제봅슬레이스켈레톤이 창설되었습니다. 스켈레톤은 고속 질주로 인한 위험성 때문에 중단되었다가 2002년 미국 솔트레이크시티 대회에서 다시 정식종목으로 복귀하였습니다.

2. 종목의 특성

봅슬레이는 1000분의 1초를 다투는 경기이기 때문에 스타트 후에 가속을 유지하여 커브를 활주하는 것이 중요합니다. 활주할 때의 평균 시속은 136km이상이며 커브를 돌 때의 압력은 중력의 4배에 가깝습니다. 4인승 시합 때는 가장 빨리 타는 것 보다 4명의 선수가 미리 호흡을 맞추고 스타트(PUSH)부터 탑승까지의 로딩이 잘 맞는 팀이 초를 많이 단축 할 수 있습니다.

스켈레톤도 마찬가지로 1000분의 1초를 다투는 종목이지만 봅슬레이와 다른 점은 개인종목이라는 점과 몸이 노출 되어 있다는 점입니다. 1인승으로만 경기를 치르며 누워서 타는 루지와 다르게 썰매를 엎드려 머리부터 내려오며 특히 스타트 지점에서 30~40m를 달려 가속한 뒤 썰매에 재빠르게 엎드린 채 트랙을 활주하며 내려가는데, 방향 조종이나 제동을 어깨, 다리, 몸의 중심부로 균형을 잡아가며 조종을 합니다. 그리고 스켈레톤은 각 나라의 선수들마다 스타트 때 손을 차는 동작이 각기 다르며, 스켈레톤 장비는 썰매의 무게와 선수의 체중을 합한 중량이 115kg, 여자92kg을 넘을 수 없도록 규정 하고 있습니다.

3. 이런 부상이 많다

봅슬레이는 체중에 민감한 종목입니다. 썰매의 최대무게에 선수들이 체중을 늘리기도 하고 또 빼기도 합니다. 봅슬레이 선수들이 가장 많이 통증을 지니고 있는 부위는 허리, 목, 발목, 무릎이며, GPP(체력훈련) 때는 한가지의 초점을 둘 수 없습니다. 스트랭스 훈련과 파워훈련 그리고 육상까지 월등해야 하기 때문에 훈련 전 꼭! 충분한 웜업과 Release(소도구활용 개인적으로 풀기) Movement(움직임) Stretching(스트레칭) Prehab(공통종목 특성의 예방훈련) 이 네 가지가 이행 되어 부상 방지에 힘을 쓰고 있습니다.

스켈레톤은 SPP(스킬훈련) 목 주변의 경직과 트랙을 주행하면서 부딪히게 되는 각 부위별의 타박상이 있습니다. 물론 주행을 완벽하게 한다면 타박상의 빈도를 확 줄일 수 있으며, 봅슬레이 종목과는 다르게 움직임 훈련과 플라이오매트릭 훈련을 주로 하며 코어, 균형, 그리고 순간적인 파워를 만들려고 노력하고 있습니다.

시즌 봅슬레이 스켈레톤 시즌은 주로 10월 중순부터 다음연도 2월 말까지 진행을 하며, 캐나다, 미국, 독일, 스위스, 등등 각 나라마다 경기장에서 시합을 진행합니다.

4. 조언 한마디

선수들에게 부상의 메커니즘 대해서 자주 상기 시켜주고 있습니다. GPP훈련과 SPP훈련에서 두 가지다 중요하지만 부상에 노출 되었을 시 초기 판단과 함께 주차별 재활을 실시하고 또 본 훈련에 임하는 악조건의 순서였다면 지금 봅슬레이 스켈레톤 국가대표 팀에서는 미리 사전에 방지하는 예방훈련을 실시하는 트라이앵글의 조합을 만들어 가고 있습니다. 선수들 개개인별로 종목특성의 움직임을 이해하고 있으며 나아가 개별적으로 지니고 있는 급성 만성 등의 근 골격 질환 들을 미리 사전에 풀고 본 훈련 때 쓰이는 관절과 근육들을 미리 깨워주는 훈련까지 진행하고 있습니다.

現 봅슬레이 스켈레톤 국가대표팀 AT **한 지 훈**

보디빌딩 선수트레이닝

1. 선수트레이너를 지원하게 된 계기
트레이너라곤 웨이트 트레이닝을 하는 트레이너만 알고 있던 시절이 있었습니다. 해부학이나 스포츠의학에 대해서 무지했던 시절에 웨이트 트레이닝에만 열중하다보니 팔을 들 수 없을 정도의 어깨 부상을 좌.우에 번갈아 당했습니다. 이때부터 조금씩 운동을 똑똑하게 해야한다는 생각을 하게 되었고 하나 하나 찾아보며 근골격질환에 대해서 공부하기 시작하면서 본격적으로 선수트레이너에 관심을 가지게 되었습니다. 공부를 하다보니 해부학적으로 좋은 운동법이나 컨디셔닝 방법들이 보이기 시작했고 부상 없이 안전하게 몸을 만들 수 있도록 돕는 것이 것에 빠지기 시작했습니다. 운동법을 잘 지도해도 좋은 트레이너지만, 운동 잘 할 수 있는 몸상태로 컨디셔닝 해주는 것 또한 트레이너입니다. 이 것을 계기로 보디빌딩 선수들을 대상으로한 컨디셔닝 의무 트레이너라는 꿈을 가지게 되었습니다.

2. 종목의 소개
보디빌딩은 보디빌딩 단일 종목만 존재하는 것이 아니라 보디빌딩에 의해 파생된 여러 가지 세부 종목들이 존재합니다. 클래식 보디빌딩, 머슬, 스포츠모델, 피지크, 비키니, 피규어 등 체형과 근육의 상태에 따른 종목의 특징이 있습니다. 보디빌딩 시합은 국내,국외 수 많은 시합이 존재하며 보디빌딩계의 올림픽은 매년 가을에 미국에서 열리는 미스터 올림피아입니다. 전세계 정상급 선수들이 출전하며, 선수등록을 한다고해서 모든 사람이 참가할 수 있는 것이 아닌 IFBB(International Federation of BodyBuilding and fitness, 국제보디빌딩연맹) PRO 카드와 함께 IFBB PRO 대회에서 일정 스코어를 획득해야만 출전할 수 있습니다. 매년 국내의 유명 보디빌더 김준호, 강경원, 조남은 선수등이 참가하고 있으며 최근 국내에는 여자 IFBB PRO 카드를 획득하며 올림피아에 참가하고 있습니다.

3. 공부해야 하는 과목 및 자격증
보디빌딩AT에게는 이렇다할 자격증은 없습니다. 꼭 공부해야할 과목은 운동역학, 운동학, 해부학입니다. 근골격질환의 부상을 예방하고 선수의 체형에 맞는 준비운동, 컨디션을 파악할 수 있는 평가지표를 명확히 하기 위해 빠지면 안될 과목입니다. 피로도가 유독 강하게 누적되는 부위를 선별하고 운동 동작을 분석하여 부상을 예방하게 해주는 것은 선수 생명에 직결되는 아주 중요한 선수트레이너의 능력입니다. 운동역학에 대한 이해가 부족할 경우 선별이 불가능합니다. 또한 모든 선수에게 동일한 준비운동을 제공하는 것이 아닌 그 선수의 체형과 근육 상태에 맞는 준비운동을 제공해야 합니다. 예를들어 렛스프레드 포징 중 한 쪽만 펼치지 못하는 선수가 매우 많은데, 이 같은 경우 견갑골을 묶고 있는 친구를 선별하여 SMR(Self Myofascial Release)을 선행하고 그 움직임을 크게 쓸 수 있는 동작을 루틴의 초반에 넣어줄 수 있도록 추천할 수 있는 안목이 필요합니다. 이때 운동학에 대한 이해도가 부족할 경우 정확한 준비운동 지도가 불가능합니다. 마지막으로 해부학적 지식을 기반으로 ROM(Range of motion)을 관절별로 파악하는 것이 중요합니다. 어떤 관절의 움직임이 부족하고 부족한 움직임을 훈련시 어떤 관절로 보상을 하는지 파악해야 동작의 훈련의 퀄리티를 높여줄 수 있습니다.

4. 좋은 점과 힘든 점
선수트레이너를 하면서 가장 좋은 때는 단연 선수가 저의 지원에 의해 어제보다 나은 훈련을 하거나 시합에서 좋은 결과를 얻었을 때입니다. 보디빌딩의 특성상 선수들의 컨디션이나 근육의 상태에 따라 시합 당일에 적지 않은 영향을 주게 되는데, 좋은 컨디션을 만들어주었을 때 선수도 느낄 수 있고 저도 느낄 수 있습니다. 힘든 점은 말그대로 근육이 큰 선수들을 관리하기 때문에 육체적으로 벅찹니다. 요즘에는 IASTM 장비, 최신 진동장비들을 이용하면 보다 편하게 관리할 수 있습니다.

5. 이런 부상이 많다
보디빌딩의 특성상 어깨,팔꿈치,손목,무릎,허리에 부상이 많습니다. 특히 분할 운동을 하더라도 손목,허리,어깨는 적절한 휴식을 취할 수 없어 누적된 손상이 많습니다. 또한 견갑골을 충분히 모아 안정성을 주기 위해 흉추가 앞으로 과도하게 밀리는 경우가 많고 이때 흉추가 정상보다 앞으로 밀려 flat back인 경우가 많습니다. Flat back의 경우 등의 저림이나 승모근, 견갑거근의 스트레스가 가중되면서 전체 컨디션이 망가지는 경우가 흔합니다.

6. 이런 훈련을 많이 한다
첫 번째로 보디빌딩의 특성상 큰 근육들을 다루기 때문에 심부에 있는 작은 근육들을 자극하기 위한 훈련을 많이 합니다. 심부에 있는 근육들을 사용하는 방법이 낯설어 인지력이 부족한 경우가 흔하며 이 때 필라테스 호흡과 동작을 적용하여 진행합니다.
두 번째로 가동성 훈련을 많이 포함시킵니다. 근비대를 위한 훈련에서 가동범위의 확보는 기본입니다. 가동범위를 좁게 사용하더라도 넓은 범위의 가동범위를 몸에서 인지하지 못하면 훈련의 퀄리티가 떨어질 수 밖에 없습니다. 특히 흉추나 고관절의 움직임 회복을 위한 가동성 트레이닝을 많이 포함시킵니다.

7. 조언 한마디
첫 째, 선수 트레이너로서 가장 중요한 것은 선수들을 이해하는 것이라고 생각합니다. 저의 경우 선수에게 레슨을 오랜 기간 받아보기도 했고 대회에 직접 출전하기도 해보았습니다. 선수가 어떤 점을 힘들어하고 필요로 하는지 명확히 공감할 수 있어야 하며 힘든 점을 물어보는 것도 좋은 방법이지만 선수의 마음을 먼저 헤아릴 수 있는 것이 필요하다고 생각합니다. 보디빌딩은 지극히 개인적인 종목입니다. 사소한 실수가 선수의 컨디션과 기분을 망칠 수 있으므로 공감할 수 있는 선수트레이너가 되시길 바랍니다.

둘 째. 지속적인 연구와 함께 그 것을 정리하여 나누는 기쁨을 알면 좋겠습니다. 혼자 알고 있는 비법이 좋은 것만은 아닙니다. 나눌수록 그 가치는 커지고 시장이 변화할 수 있습니다. 기존 보디빌딩 시장에서는 관리개념없이 아파도 참고 훈련하는 것이 일반적이었고 부상은 당연한 것이었으나 이런 제한사항들을 극복하기 위해 근막이완과 컨디셔닝 케어라는 프로그램을 직접 개발했습니다.(IFBB PRO인 김준호 선수, 이준호 선수 등을 직접 케어했습니다. 2017년도에는 미국 LA의 미스터 올림피아 현장에 따라가 김준호 선수의 컨디셔닝 케어를 담당하기도 하였습니다.) 이렇게 직접 선수들을 관리하고 연구하며 얻은 노하우와 경험으로 컨디셔닝 케어 프로그램을 하나씩 정리하고 발전시켜 많은 트레이너, 필라테스 강사를 대상으로 교육을 하며 경험을 나누고 있습니다. 컨디셔닝 케어를 보다 쉽게 하기 위한 근막이완 도구를 직접 개발하여 사용법을 지도하고 있기도 합니다. 이처럼 경험한 것들을 토대로 교육하고 나누기를 권합니다.

現 바디메카닉 AT **박 주 형**

축구 선수트레이닝

1. 선수트레이너를 지원하게 된 계기
저는 어렸을 때부터 축구를 좋아해서 축구와 관련된 직업을 갖고 싶다고 막연하게 생각만 했었는데, 설기현 선수가 뛰었던 '레딩'이라는 영국의 축구팀 경기를 보고 구체적인 목표가 생겼습니다. 경기 도중 선수가 쓰러지자 한 여성 분이 달려 나와서 선수를 살펴보는데, '아 저거다!' 싶어서 백방으로 알아봤고, 스포츠 의학과에 진학하면 그런 일을 할 수 있다는 것을 알게 되었습니다. 엄연히 말하자면 그 여자 분은 팀 닥터였기 때문에 제가 하는 일과 똑같지는 않지만, 아마 의대를 갔다면 졸업을 못 했을 것 같습니다. 지금도 정보가 많이 없지만, 그때 당시에는 정보가 더 없었기 때문에 애를 많이 먹었지만, 결국 스포츠 의학과에 진학해서 하고 싶은 일을 하게 되었습니다.

2. 공부해야 하는 과목 및 자격증
해부학, 생리학, 재활 의학, 재활 운동 등 트레이너가 알아야 하는 지식은 너무나 방대합니다. 저는 AT 자격증 코스를 들으면서 마음이 맞는 친구들을 만났고, 그 친구들과 스터디 그룹을 만들어서 같이 공부하고 실습을 하면서 도움을 많이 받았습니다. AT, 체력코치, 건강운동관리사 등 많은 자격증들이 있지만, 자격증을 따는 것이 모든 것을 보장해주지는 않기에, 자격증을 그 자체도 중요하지만 직접 공부하고 직접 해보는 것이 가장 중요하다고 생각합니다.

3. 좋은 점과 힘든 점
재활 센터에서 일할 때 아파서 목발을 짚고 오거나, 제대로 운동을 수행하지 못했던 선수가 필드에 복귀했을 때의 그 기쁨은 저에게 가장 큰 동기부여였습니다. 팀에서 일을 했을 때는 부상으로 본 운동에 참여하지 못하고 저와 운동했던 선수가 경기에 복귀해서 골을 넣었던 그 순간을 정말 잊을 수 없습니다. 물론 그 과정에서 힘든 점도 많았습니다. 개인적인 시간을 갖기도 힘들고, 시간적 제약이 있어서 하고 싶은 일이나 듣고 싶은 교육을 듣지 못해서 아쉬웠던 순간이 많았습니다. 하지만 선수들과 소통하면서 현장에서 일하는 것만큼 큰 행복은 없는 것 같습니다.

4. 체력코치, 재활트레이너의 차이
축구라는 종목에 한해서는 체력코치와 재활트레이너의 역할이 확실히 나눠져 있는 것 같습니다. 축구팀에는 '피지컬 코치'라는 직업이 존재하는데, 선수들의 필드 트레이닝에 직접 관여하고 훈련 강도, 휴식 등 많은 부분을 관리합니다. 재활트레이너는 선수들이 부상 당했을 경우 이를 관리하고, 경기나 훈련 후의 마사지와 치료를 실시하고, 보강 운동 등을 담당합니다.

5. 이런 부상이 많다
축구선수의 경우 발목과 무릎, 그리고 허벅지 근육 부상이 많은 것 같습니다. 아무래도 90분동안 고강도의 운동을 실시하다 보니, 허벅지나 종아리 등 근육의 근경직도 많은 편입니다. 그리고 여자 선수들의 경우 남자 선수들보다 상대적으로 십자인대 부상을 많이 당하는 경향이 있습니다.

6. 이런 훈련을 많이 한다
코어 훈련과 하체 훈련을 상대적으로 많이 실시합니다. 신체적 접촉이 많은 스포츠이다 보니, 피지컬이 뒷받침되지 않으면 능력을 100% 발휘하기가 힘들기 때문입니다. 시기에 따라서 고강도의 저항성 트레이닝을 실시하기도 하고, 파워나 스피드 등 목적에 따라 강도를 달리해서 훈련을 실시합니다. 코어는 아무리 강조해도 지나치지 않을 만큼 중요한 요소이기 때문에, 코어 훈련은 다양한 저항 속에서 이루어집니다. 이 과정에서 바벨, 덤벨, TRX, 짐볼, 보수 등 다양한 소도구를 이용해서 여러 형태의 트레이닝을 실시합니다.

7. 조언 한마디
선수트레이너가 되는 길은 쉽지 않고, 선수트레이너가 되고 난 후에도 많은 희생이 필요한 직업이라고 생각합니다. 그에 비해 아직 인식이나 보수는 많이 낮은 편이지만, 그래도 많은 보람을 느낄 수 있는 직업인 것 같습니다. 자격증을 따는 것도 물론 중요하지만, 그것보다 그 과정에서 무엇을 얻었고, 내게 필요한 게 무엇인지 아는 것이 더 중요하다고 생각합니다. 그리고 본인이 직접 트레이닝을 실시해보고, 자극을 느끼고, 장점과 보완해야 할 점이 무엇인지 돌아보는 것도 중요한 것 같습니다. 본인이 하고 싶은 일이라면 망설이지 말고 하루라도 빨리 시작해서, 좋은 선수트레이너가 되셨으면 좋겠습니다.

前 여자축구 국가대표팀 AT 김 송 미

럭비 선수 트레이닝

1. 종목의 소개
한국럭비는 7인제와 15인제 두 종목으로 구분되며, 공을 상대방 트라이라인 안에 터치하면 득점이 되는 스포츠입니다. 패스는 뒤로만 할 수 있으며, 전진 할 수 있는 방법은 직접 공을 들고 뛰거나, 킥을 사용하는 두가지 방법이 있습니다. 상대방 진영에 트라이를 성공시키면 5점의 득점이 인정되고, 득점 후 주어지는 컨버전 킥을 성공시키면 추가적으로 2점이 주어집니다.
직접 몸을 부딪히는 스포츠이기 때문에, 많은 부상이 발생하기도 하지만 이때문에 부상에 대한 응급처치나 선수 복지에 관한 부분도 상당히 발전되어 있는 종목입니다.

2. 시즌 및 종목 특성
럭비 국가대표팀의 시즌은 보통 3월에서 10월까지입니다. 이 기간 동안 기본적으로 홍콩 7s 세계대회(3,4월), 아시아럭비 챔피언쉽(5,6월), 아시아럭비 7s 시리즈(9,10월)에 참가하며, 연도별 특성에 따라 아시안게임, 올림픽 예선, 월드컵 예선 등이 추가 됩니다.
럭비는 몸으로 직접 부딪히는 스포츠이기 때문에 아주 격렬한 경기가 진행됩니다. 때문에 빠르고 파워풀해야 하며, 민첩성, 순발력, 코어, 밸런스 등 피지컬적으로 갖춰야 할 모든 것이 요구되는 종목이라고 할 수 있습니다. 그로 인해 부상 또한 빈번히 일어나지만 부상에 대한 응급처치나 선수 복지에 관한 부분도 상당히 발전되어 있는 종목입니다.

3. 이런 부상이 많다
럭비에서 발생하는 부상의 메커니즘은 깔려서 나오는 경우, 부딪혀서 나오는 경우, 착지에서 나오는 경우, 순간적인 턴에서 나오는 경우로 볼 수 있는데, 무릎 십자인대 파열, 뇌진탕, 발목의 내,외측 삼각인대 파열, 하지 근육의 스트레인 등이 주로 발생합니다. 조금 더 심각한 경우로는 아킬레스건 파열, 개방 골절 등이 발생하기도 합니다.

4. 이런 훈련을 많이 한다
예방훈련이 모든 부상을 막진 못하지만 충분히 부상률을 줄이는데 도움이 된다고 생각합니다. 그래서 항상 웨이트 트레이닝 훈련 전에 하체 플라이오메트릭과 상체 파워 훈련이 결합된 운동을 15분정도 실시합니다. 상지와 하지를 동시에 쓰는 훈련을 통해 시합과 비슷한 상황에서 버틸 수 있는 능력을 만들어 줌과 동시에 코어, 착지, 밸런스를 한번에 사용함으로써 관절 부상예방운동까지 병행 할 수 있기 때문입니다. 또한 럭비훈련 전 목 근육운동은 뇌진탕률을 30%이상 떨어뜨리기 때문에 그라운드 훈련 전에는 목운동도 실시하고 있습니다.

햄스트링이나 종아리 근육부상에 대해서는 기본적으로 예방운동, 스트레칭을 하고 있지만 더하여 선수들의 습관을 바꾸는데 노력하고 있습니다. 물,마그네슘의 섭취는 경기중 근육부상의 확률을 엄청나게 줄여줍니다. 비슷한 맥락으로 소변의 비중 테스트를 통해 선수 몸의 수분량을 파악해서 컨디션을 파악하기도 합니다.

5. 에피소드
뉴질랜드 출신 감독이 있던 시절, 뉴질랜드 전지훈련을 갔는데, 상대 팀 트레이너가 연습게임 전 개인사정으로 늦어버려서 상대 선수들을 테이핑 해 준 적이 있습니다. 다음날 훈련장에 갔는데 그 팀 선수들이 테이핑이 너무 좋았다면서 유니폼과 옷들을 선물해 주었는데, 그 장면을 본 우리 팀 감독이 깜짝 놀라면서 아주 좋아했던 적이 있습니다. 그 이후로 엄청난 신뢰를 해줬고요. 저 스스로에게도 럭비 강국에 가서 인정받은 것 같아서 아주 좋은 기억입니다.

6. 조언 한마디
공부가 어느정도 되었다면 방학기간이나 쉬는 날 짧게나마 팀에 가서 현장경험을 해보는 것이 아주 중요하다고 생각합니다. 작은 경험들을 통해 부족한 부분을 알아내면 더 깊이 있는 공부를 할 수 있을 것 입니다. 또 내가 다음에 팀에 가면 적용해 볼 수 있는 게 무엇일지 생각해 볼 수 있는 기회가 될 것이라 생각합니다.

現 남자럭비 국가대표팀 AT **변 우 진**

농구 선수 트레이닝

1. 선수트레이너를 지원하게 된 계기
저는 체육대학을 진학하면서부터 체대를 나왔으니 당연히 체육선생님을 준비해야지 라는 막연한 강박관념에 사로잡혀 있었습니다. 그래서인지 군대 가기 전까지 학점관리에 힘썼고 우수한 성적으로 교직이수까지 마칠 수 있었습니다. 하지만 군대를 다녀오고 나서 스스로에 대한 물음을 던지게 되었습니다. "정말 내가 하고 싶은 일은 뭐지? 내가 잘 할 수 있는 일은 어떤걸까?" 라는 질문이었죠. 결국 저는 제가 제일 좋아했던 '농구'라는 종목에 관련된 일이라면 무엇이든지 해보고 싶다는 결론에 도달하게 되었습니다. 통역을 하든, 이벤트 기획을 하든 트레이너를 하든 상관 없었죠. 그렇게 해서 저의 트레이너 준비를 시작되었습니다.

2. 공부해야 하는 과목 및 자격증
트레이너 준비를 하면서 여러 가지 방대한 분야의 공부를 해야 한다는 사실이 부담이 되었습니다. 하지만 하나씩 차근차근 실기와 이론과 관련된 수업과 세미나를 참석하면서 저 스스로 자신감이 생겨나는 것을 보며, 역시 모든 일은 정해진 코스보다 스스로 채워가는 과정이 중요하다는 것을 깨닫게 되었습니다. 그렇게 해서 취득하게 된 자격증은, 생리학과, 해부학, 그리고 피트니스, 재활과 관련된 전반적 이론 실기를 검증하는 건강운동관리사, 그리고 소도구 및 펑셔널 트레이닝과 관련된 자격증, 운동능력 및 체형 테스트 자격증, 마지막으로 최근 트레이닝에 있어 중요한 기술로 자리 잡고 있는 근막이완 테크닉 (IASTM, 프리스팀) 등 운동 및 재활에 관련된 자격증을 취득하려고 노력했습니다. 어떤 자격증을 취득해야 선수트레이너가 될 수 있다기 보다는 준비하는 본인 스스로 선수의 운동능력향상, 재활 및 회복을 위해 필요한 공부를 하고 능력을 기르기 것이 더 중요하다고 말씀드리고 싶습니다.

3. 좋은 점과 힘든 점
제일 좋았던 점은 제가 동경하고, 좋아하는 선수들과 직접 같이 훈련하고 도우며 무엇보다 그런 일련의 과정이 좋은 결과로 이어질 때 말할 수 없는 희열을 느꼈던 것 같습니다. 또한 부상선수들과 힘든 재활의 시기를 이겨내면서 같이 아파하고, 힘들어하며, 깊은 공감대를 형성하는 과정 또한 좋은 점이었다고 생각합니다. 다만 그런 과정에서 시간적 제약으로 인해 더 공부하고 발전하고자 하는 욕구를 채우지 못하는 것은 큰 스트레스이기도 했습니다. 선수들과 한 집에서 합숙을 했기 때문에 정기적으로 공부를 하거나, 세미나를 듣는 것이 거의 불가능했습니다. 하지만 주어진 상황 속에서 계속적으로 공부하고, 최선의 것으로 선수들의 기량향상을 돕는 그 자체는 겪어보지 않으면 알 수 없는 큰 기쁨이라고 말씀드리고 싶습니다.

4. 체력코치, 재활트레이너의 차이
제가 근무할 당시 체력코치와 재활트레이너의 구분이 있기는 했지만 사실 역할적으로 큰 차이는 없었습니다. 하지만 엄밀히 말하면, 체력코치의 경우 정말 선수들의 웨이트와, 보강운동, 안정성, 가동성 트레이닝까지 모든 운동적인 부분을 책임지는 역할이라고 할 수 있습니다. 이를 위해 웨이트를 정말 전문적으로 지도할 수 있어야하고, 역도와 케틀벨 등 파워와 기능성 운동까지 선수들 컨디션에 맞게 단계별로 지도할 수 있어야 합니다. 반면 재활트레이너는 선수들의 부상 발생시 케어부터, 시합에 나가기까지 재활훈련을 도우며 실제 시합시 응급처치를 주로 도맡게 됩니다. 선수들의 엄마와 같은 역할이라고 할 수 있습니다. 발목 부상시 새벽 2~3시간마다 선수방에 들려 얼음찜질을 했던 기억이 새삼스럽게 남습니다.

5. 이런 부상이 많다
농구선수의 경우 발목과 무릎, 허리, 어깨 등 부상이 굉장히 많지만 그 중에서도 발목 부상이 제일 많은데요. 점프를 많이 하고 방향전환이 많은 종목이다보니 착지과정이나 드리블시, 발을 잘못 딛거나, 상대방의 발을 밟아 발목을 접질리는 경우가 허다합니다. 그런 경우 짧게는 3~4일, 조금 심한 경우 1~2주일까지 휴식을 취하게 되는데, 이 때도 트레이너의 지속적인 찜질 케어와 마사지, 그리고 단계적 재활 운동으로 최대한 빠른 복귀를 할 수 있도록 케어를 제공합니다.

6. 이런 훈련을 많이 한다
농구선수는 기본적으로 격렬한 몸싸움이 많아 웨이트를 빠지지 않고 합니다. 강한 피지컬을 소유한 상태에서 기술이 접목 되어야만 본인이 가지고 있는 기술을 십분 발휘할 수 있습니다. 또한 빼먹지 않고 하는 훈련이 코어훈련입니다. 매일 매일 본운동 들어가기전 복근훈련부터 시작해, 다양한 코어트레이닝을 통해 강한 중심부 근육을 만듭니다. 이 때 쓰이는 짐볼과 TRX 등 다양한 소도구 훈련법을 알고 잘 적용해야 선수들의 신뢰를 얻을 수 있습니다.

7. 조언 한마디
선수트레이너는 기본적으로 많은 희생과 헌신이 필요한 직업이라고 생각합니다. 그에 비해 아직 보수도 넉넉지 않은 편이죠. 하지만 모든 일에는 정해진 수준이라는 것은 없다고 생각합니다. 스스로 팀과 선수들에게 인정받는다면 본인의 보수는 저절로 인상되는 것이죠. 때문에 돈, 본인의 시간, 주위의 시선을 따지며 직업을 선택하기보다. 정말 선수들과 호흡하며 기량 향상을 위해 힘쓰고 싶은 사람, 그리고 적절한 응급처치와 재활프로그램으로 선수들의 빠른 회복을 돕고자 하는 마음으로 일을 시작해야 한다고 생각합니다. 그렇게 준비하기 시작한다면 나도 모르는 사이 스스로 선수트레이너가 되기 위한 과정들을 밟고 있게 되지 않을까 생각합니다.

前 고양 오리온스 프로농구팀 AT 최 성 우

알파인 스키 선수 트레이닝

1. 선수트레이너를 지원하게 된 계기
다들 그러하듯 저도 체대입시를 통해서 체육대학에 입학하게 되었습니다. 저는 처음에는 주변 체대입시생들 보다 작은 신장, 적은 경험으로 각종 기록이 많이 쳐지는 편이었는데, 이를 스스로 극복하는 과정에서 선수트레이너가 되고 싶다는 마음을 갖게 되었습니다. 운동 후 공부를 쉬고 싶은 마음에 인터넷에 달리기, 점프 등을 잘할 수 있는 방법을 검색하고 논문을 찾아보기까지 했고 이를 제 훈련에 접목해 1rm, 플라이오메트릭 등의 훈련법을 적용한 결과, 눈에 띄게 좋아진 기록으로 체육대학 입시에 성공하였습니다. 대학 진학 후 출신 고등학교 후배들에게 재능기부로 트레이닝을 진행하였고, 좋은 결과를 계속해서 낼 수 있었습니다. 이러한 경험이 저에게 흥미로 다가오고 재능으로 느껴져 꼭 선수트레이너가 되어야겠다고 다짐했습니다.

2. 공부해야 하는 과목 및 자격증
선수트레이너로서 공부해야 할 것들은 일일이 짚을 수 없을 정도로 다양합니다. 특히 최근 무분별하게 많아진 세미나와 연수 과정들로 방황하시는 분들이 많을 것 같습니다. 트레이닝에는 정해진 길도 없고 남들과 다르다 하여 틀린 트레이닝이 아니라는 것을 말하고 싶습니다.
물론 기초가 되는 해부학, 생리학 그리고 다양한 기구를 사용한 운동들을 잘 아는 것은 선수트레이너로서의 기본 덕목이라고 할 수 있겠지만, 자신만의 강점과 철학을 가진 트레이너들이 많아졌으면 좋겠습니다.
특히 저 같은 경우는 많은 자격증을 통한 현란한 기구를 이용한 트레이닝보다는, 선수로 하여금 좋은 동작을 이해할 수 있도록 하는 것이 제 트레이닝의 기준점이었습니다. 그래서 저 스스로 움직임의 기본이 되는 육상, 수영, 역도, 기계체조를 배우는데 많은 시간을 기울였고, 이는 선수의 움직임을 이해하는 데 좋은 안목을 길러주었습니다. 모든 스포츠 동작은 올림픽의 기초종목들인 육상, 수영, 역도, 기계체조 등에서 응용된 것임을 알게 된 뒤로 좋은 트레이닝에 대한 확신이 생겼습니다.
그래서 저는 수많은 자격증과 전공서적들도 중요하지만 직접 많은 운동들을 경험해 선수가 느끼는 것들을 직접 느껴볼 때 좋은 트레이너가 될 수 있을 거라고 생각합니다.

3. 좋은 점과 힘든 점
한 단체를 대표하는 선수들을 트레이닝하는 경험은 체육을 전공하는 누구라도 바라고 설레는 일이라고 생각합니다. 좋은 점이라고 한다면 그토록 바라왔던 팀 안에서 선수들과 소통하며 내가 열심히 공부해왔던 트레이닝을 해 나갈 수 있다는 것입니다. 내가 경험하고 공부하여 짜 온 프로그램으로 선수가 더 나은 퍼포먼스 아래 좋은 성적을 거둬온다면 그보다 더 보람찬 경험은 없을 것입니다. 하지만 때로는 내가 원하는 대로만 트레이닝을 진행할 수는 없을 것입니다. 팀의 중심축은 선수와 감독님이고 트레이너는 팀이 좋은 성적을 거둘 수 있도록 컨디셔닝하는 지원군 역할을 수행합니다. 그렇기에 감독님 혹은 선수와 소통이 중요할 것이고, 트레이너는 많이 아는 것도 중요하나, 선수들과 감독님의 의견을 많이 듣고 매 순간 신경을 세워 언제든지 준비된 지원군의 역할을 수행해야만 할 것입니다.

4. 이런 부상이 많다
아이스하키는 얼음 위에서 스케이트를 타면서 진행되는 스포츠이기에 공수 전환이 굉장히 빠른 스포츠이며, 대표적인 contact sports 이다. 때문에 뇌진탕이나, 골절 등의 부상이 빈번하게 발생하기에 트레이너들의 신속하고 정확한 응급처치 능력이 많이 요구되는 스포츠입니다. 또한 선수들이 전신에 보호 장구를 착용하고 있음에도 안면은 머리와 이마만 헬멧으로 보호가 되기 때문에 무거운 고무 퍽이나 스틱에 맞아 이가 부러지거나 피부가 찢어지는 부상도 많이 발생한다. 또한 급격한 방향전환이나 빠른 스케이팅 도중 고관절, 무릎관절 주변 근육의 좌상이나 인대의 염좌가 많이 발생하며, 퍽의 핸들링을 위해 스틱을 지속적으로 섬세하고 빠르게, 때로는 강한 슛을 쏘기 위해 힘있게 스틱을 누르는 과정에서 손목의 염좌 부상도 많이 발생합니다.

5. 이런 훈련을 많이 한다.
아이스하키 선수들은 주로 경기 중 무산소성 에너지를 많이 사용하고 필요로 합니다. 때문에 트레이닝을 시킬 때도 장거리를 뛰게 하기보다는 짧은 거리를 빠르게 반복해서 뛰게 합니다. 또한 방향 전환이 빠르고, 순간적인 폭발력이나, 민첩성도 요구되기 때문에 복합적인 운동들을 시스템화 시켜 트레이닝 해야합니다. 보통 gym에서는 상, 하체를 밀고 당기는 운동들을 근력, 근지구력, 파워 세션 등으로 나누어 진행하며, 트랙에서는 아이스하키에 필요한 움직임들을 발달시키기 위해서 bunge 나 wall drill 등을 통한 가속화 훈련, hurdle 을 이용한 plyometric 훈련, medicine ball 을 이용한 rotational power 등을 진행합니다. 또 운동의 마지막에는 선수들의 에너지 시스템을 발달시키기 위해 달리기나 bike, circuit training 도 진행합니다. 개별적으로는 선수들의 부상 방지 및 재활을 위한 프로그램을 만들어 개별적으로 교육, 지도합니다.

6. 조언 한마디
선수트레이너는 선수들의 경기력 향상 및 부상 방지 및 예방을 위해 일하는 전문가라고 생각합니다. 그리고 현장에서는 내가 갖고 지식들과 경험들이 수 없이 상충되고 수정되기 마련입니다. 때문에 선수트레이닝에 관심이 있으시다면 주어진 환경에서 열심히 배우고 공부하시고, 기회를 얻어 다양한 필드에서 많은 경험들을 하시길 바랍니다. 또한 그 과정에서는 항상 선수들을 첫 번째로 생각하는 마음가짐을 잃지 않으시길 바랍니다. 저 또한 그러한 마음가짐으로 앞으로도 열심히 활동하겠습니다.

- 前 아이스하키 여자 국가대표팀 AT 곽 민 영

파라 아이스 하키 선수 트레이닝

1. 선수트레이너를 지원하게 된 계기
안녕하세요 강원도청 직장운동경기부 선수트레이너이자, 파라아이스하키 국가대표 트레이너를 맡고 있는 이종빈이라고 합니다. 저는 유년시절부터 장래희망이 축구선수였습니다. 하지만 부상과 부모님의 반대로 인해 고등학교 때부터 체육대학입시 운동을 시작하여 대학에 목표를 두고 공부를 하였습니다. 체육대학 입시 설명회에서 경희대학교 스포츠의학과를 알게 되었고, 검색을 하다 보니 Athlete Trainer (AT) 라는 직업 군에 대해 접하게 되었습니다. 선수로써 경기에 뛸 수는 없었지만 AT로써 경기에 선수들과 함께 한다는 점이 유년시절 이루지 못한 꿈을 이룰 수 있다고 생각하여 선수트레이너라는 직종에 지원하고 종사하게 되었습니다.

2. 좋은 점과 힘든 점
현장에서 선수트레이너 생활을 하면서 좋은 점과 힘든 점을 분류해보려 하니 한 가지 기준점이 떠오릅니다. 그 기준점은 바로 '보람' 입니다. 선수들을 또는 하나의 팀을 본인의 신념에 입각하여 트레이닝 및 컨디셔닝을 시켜 개선된 퍼포먼스가 나왔을 경우 또는 좋은 성적을 거두었을 경우, 선수들이 느끼는 성취감만큼이나 보람참을 느끼는 것이 좋은 점인 거 같습니다. 하지만 이러한 보람참을 느끼기 위해서는 선수들이 운동에 매진하는 만큼 우리들도 선수들의 더 나은 퍼포먼스를 위해 기약 없는 휴일을 뒤로 한 채 많은 시간 헌신을 해야 합니다. 즉, '보람'을 느끼기 위한 과정은 힘이 들고, 그러한 과정을 거쳐 성취한 '보람'을 느끼는 점이 좋은 점이 되는 것 같습니다.

3. 체력코치, 재활트레이너의 차이
체력코치와 재활트레이너의 차이는 명백합니다. 말 그대로 체력코치는 선수 또는 팀의 체력을 시합이 있는 시즌에 맞추어 주기화시켜 컨디션을 유지하여 목표를 달성할 수 있도록 책임지고 이끄는 역할이며, 재활트레이너는 종목에 따른 부상위험 요소를 미리 인지하여 부상예방을 시켜주고 부상당한 선수들을 주치의와 커뮤니케이션을 통하여 운동에 복귀시켜주는 역할입니다. 하지만 안타깝게도 한국의 프로리그를 갖고 있는 종목들을 제외하면 재정부족으로 이 두 가지 역할을 명백히 구분하여 운영할 수 있는 종목은 손에 꼽을 정도이며, 대한민국 스포츠계가 발전해야 할 이유이기도 합니다.

4. 이런 부상이 많다

파라 아이스하키를 간단히 소개하자면 하지 장애를 입은 사람들이 스케이트 대신 좁은 폭의 스케이트 날을 붙인 썰매를 타고, 변형된 하키 스틱을 양쪽 손에 쥐고 하는 아이스하키 입니다. 아이스하키와 같이 빠른 스피드로 바디체킹이 빈번하기 때문에 타박, 골절 그리고 심할 경우 뇌진탕의 가능성도 있기도 합니다. 게다가 양 쪽 스틱 끝에는 얼음판을 찍고 달리도록 추진력을 내기 위한 '픽'이라고 불리는 날카로운 쇳덩이가 달려 있는데, 몸싸움 과정이나 퍽 경합 과정에서 찍히고 긁혀 찰과상을 많이 당하기도 합니다. 이러한 외상 외에도 거의 상지 위주의 숙이는 자세로 반복 운동을 하기 때문에 목, 어깨, 손목 그리고 허리 등의 과사용으로 인한 운동상해도 빈번히 발생합니다.

5. 이런 훈련을 많이 한다

아이스하키와 같이 2-3개의 조가 자유롭게 교체하며 진행되는 만큼, 체력소모가 크게 요구되며, 또한 스피드를 내기 위한 파워와 경기 내내 경기력을 유지시키기 위한 근지구력, 심폐지구력 등이 필수적입니다. 그렇기 때문에 인터벌트레이닝과 상지의 파워운동, 플라이오메트릭운동 그리고 불안정한 썰매의 중심을 잡아 줄 밸런스 및 코어트레이닝이 필요합니다. 경기력을 향상을 위한 트레이닝도 중요하지만 운동시간 내내 반복적으로 숙여서 활동하기 때문에 자세적인 교정운동 역시 트레이닝 사이에 섞어서 진행합니다. 아이스 훈련에서는 서로 비슷한 썰매를 타고 하기에 운동수행능력에 있어 장애상태에 따라 득과 실이 있더라도 움직임이 가능한데 반면, 오프아이스 훈련에서는 하지 절단 환부의 위치, 한 쪽 절단인지 양 쪽 절단인지 또 몇 번 척수의 마비인지 등에 따라 같은 움직임을 수행하기 힘들기 때문에 각별한 주의와 트레이닝 준비가 요구됩니다.

6. 조언 한 마디

제가 처음 선수트레이너에 관심을 가졌을 때 보다 교육과정도 체계적으로 갖추어지기 시작하였고, 이 직종에 대한 필요성과 수요 역시 점차 늘어나고 있는 것 같습니다. 비록 본인이 원하는 종목과 팀에 들어가긴 힘들 수도 있겠지만, 어디서든 본인의 가치를 계속하여 발전시켜 나아간다면 충분히 원하는 목표를 성취하는데 어려움은 없을 거라 생각합니다. 마지막으로 아직까지는 업무량 대비 적은 임금이라고는 하지만 점점 나아지고 있으며, 이 직업에 관심을 갖고 발을 내딛기 시작하였다면 가슴 속에 선수트레이너라는 직종을 왜 선택하였는지, 또 무엇을 위해서였는지 항상 되새기며 긍지와 자부심을 갖길 바랍니다.

더 나은 길을 제시할 수도 있는 체육 전공자, 선배, 트레이너로 거듭날 수 있지 않을까 생각합니다.

現 파라 아이스하키 국가대표팀 AT **이 종 빈**

프로 복싱 선수 트레이닝

1. 선수트레이너를 지원하게 된 계기
중 고등학교 시절 아마추어 복싱선수로 활동을 했었습니다.부상도 당했고 학업과 병행을 하느라 좋은 성적을 못 냈지만 항상 어떻게 하면 좋은 컨디션을 가져서 부상을 예방하고 최상의 퍼포먼스를 낼 수 있을까를 항상 고민했었고 크로스핏과 여러가지 퍼포먼스 운동을 접해보며 여러가지 부상도 경험하고 스스로 공부가 더 필요하다고 생각해 스포츠의학과에 진학을 하게 되었습니다.
학교를 다니고 여러가지 교육을 들으면서 선수들 힘들게 열심히만 하면 된다는 생각이 정말 위험한 생각이라는 것을 깨닫고 정확한 지식을 전달하여 선수들에게 부상 예방과 최상의 컨디션을 발휘 할 수 있게 도와주기 위하여 선수트레이너를 시작 하였습니다.

2. 공부해야 하는 과목 및 자격증
선수트레이너가 되기 위해서는 선수 겉 모습 이나 체력 뿐만 아니라 선수의 움직임,생리적 현상, 등등 남들이 볼 수 없는 부분을 볼 수 있어야 된다고 생각됩니다. 그렇기 때문에 기본적으로 기능 해부학, 생리학,등 재활관련된 과목들이 기본이 돼야 하고 기본적으로 국내에서는 생활스포츠지도자, 건강운동관리사를 기본적으로 CSCS,PES,CES 등의 자격이 좋다고 생각됩니다.여러가지 자격을 가진 트레이너도 좋지만 실제로 바로 보여주고 증명이 가능한 실력과 지식을 기르는 것이 더욱 중요하다고 생각됩니다.

3. 좋은 점과 힘든 점
제가 좋아하는 종목의 선수들을 훈련시키고 도와주면서 선수들이 만족하고 좋은 결과를 냈을 때 가장 행복한 것 같습니다.힘든점은 선수를 위해 존재하는 일이 다보니 자신의 생활보다 선수들의 일이 우선이 돼야 합니다 훈련 일정이나 해외전지훈련 등등 힘든 점이 있지만 이런 일을 즐기면서 한다면 정말 최고라고 생각합니다.

4. 체력코치, 재활트레이너이의 차이
저의 경우에는 체력코치겸 재활트레이너로 근무를 하였습니다.
체력코치 같은 경우에는 주로 각 종목에 필요한 체력훈련 (파워,스피드,지구력,유연성,정확성,등등) 재활트레이너 같은 경우에는 부상을 당하고 의사의 진단을 받은 후 부터 체력훈련과 본 훈련으로 돌아가기 위한 과정(재활운동, 근막이완, 테이핑), 부상예방을 도와주는 일을 합니다.
체력훈련과 본 운동에 들어 갔더라도 재활트레이너는 수시로 선수들이 정상적으로 훈련을 받고 있는지 문제점이 다시 보인다면 보강훈련 등등을 시키는 업무를 하고 있습니다.

5. 이런 부상이 많다
복싱 같은 경우에는 아무래도 투기 종목이기 때문에 아주 다양한 부상이 많습니다. 스텝을 밟고 많이 움직이는 종목이다 보니 발목이 가장 많고 타격을 하는 동작과 타격을 당하는 과정에서 손목,어깨,목, 턱관절,갈비뼈 등등 다양한 부상이 많습니다.

6. 이런 훈련을 많이 한다
여러 가지 종목 중에서도 복싱은 순간적인 파워와 지구력 회복력 등 정말 체력을 많이 요구하는 종목이기 때문에 메타볼릭 컨디셔닝을 기본으로 각 선수의 스타일에 맞게 스피드 훈련 파워 훈련을 보강하고 있지만 가장 기본적으로 몸을 바르게 사용하여 최적의 파워와 움직임을 낼 수 있도록 자세와 코어조절능력 등등을 기본으로 하고 있습니다.

7. 조언 한마디
선수트레이너는 겉 모습으로는 정말 멋있고 쿨 하고 연봉도 많다고 생각되지만 실제로는 그렇지 않습니다. 선수들에게 전문적인 엄마가 돼서 자신을 희생가며 모든 선수들이 좋은 길로 갈수 있도록 보이지 않는 곳에서 하나하나 챙겨주며 좋은 결과를 낼 수 있도록 하는 것, 그로 인해서 보람을 느끼는 것이 선수트레이너의 길이라고 생각됩니다.

前 프로 복싱팀 AT 전 병 연

바이애슬론(스키&사격) 선수트레이닝

1. 선수트레이너가 되려면 어떻게 해야 하나요?
우선 기본적으로 해부학, 운동 생리학, 운동 역학, 웨이트트레이닝 등이 제일 기초적인 이론을 배우고, 관심 있는 종목들의 근육 움직임을 파악해보고 부상정도나 범위, 또는 과정을 보는 것이 중요하고 역할인 것 같습니다. 가장 중요한 것은 관련 자격증을 따면서 종목들이 원하는 선수트레이너가 되어야 하겠죠?

2. 선수트레이너, 체력코치, 재활트레이너 무슨 차이가 있나요?
선수트레이너는 스포츠 의학을 선수에게 직접 적용하는 현장 전문가를 말하는데 위 세 가지 분야를 통틀어서 선수트레이너라고 하는 것 같습니다. 물론 인기종목이나 단체종목 같은 경우엔 각각 분야가 나누어 있겠지만 보통의 경우는 마사지나 테이핑, 부상선수에겐 재활트레이닝을 접목시키고, 필요에 따라서 체력적으로도 같이 트레이닝을 시킵니다.

3. 좋은 점과 힘든 점
저는 바이애슬론(스키&사격) 국가대표팀을 2년간 맡았는데 태극마크를 달아 자부심을 갖고 해외 여러 곳을 다닐 수 있어서 좋았지만 내시간이 없다는 것이 가장 힘들었습니다. 그만큼 선수트레이너들이 선수들에게 신경 써야 할 부분이 많다는 것입니다.

4. 이런 훈련을 한다
바이애슬론이라는 운동은 크로스컨트리의 스키와 소총 사격이 결합된 종목인데 경기가 7.5KM 단체 10KM스프린트, 15KM 추적, 20KM개인 경기로 나뉩니다. 비시즌 동안엔 스키를 대신한 롤러스키와 싸이클 훈련을 하고, 심폐지구력 향상을 위해 장거리 러닝도 같이 병행하며 부가적으로 웨이트 트레이닝과 코어 및 밸런스 트레이닝을 중점적으로 하고 있습니다.

5. 이런 부상이 많다
비시즌 기간에 러닝 훈련과 트래킹코스 러닝을 기본 3시간 정도 하다 보니 불규칙한 지면에서 집중력이 떨이지면 발목을 접질리기도 하고, 과부하로 인해 발목 인대나 무릎에 데미지가 많아져 항상 훈련 후에 케어를 해줘야 하고, 종목 특성상 코어근육이 가장 중요한데 선수 대부분 약하다 보니 허리에 무리한 영향을 끼칩니다.

6. 조언 한마디
저는 어릴 적 부터 이 종목을 전공했습니다. 그래서 그런지 움직임과 특성을 알고 있는 상태에서 부상부위나 범위, 부족한 부분을 쉽게 케어가 들어가서 제 개인적으로는 편했습니다. 하지만 어릴적 부터 선수생활을 해왔던 터라 선수 개개인마다 오랫동안 갖고 온 통증을 케어하기란 쉽지 않았습니다. 많이 배우세요. 여러 자격증을 따서 간접경험을 하는 것도 좋은 방법 중에 하나인 것 같습니다. 준비가 되어있지 않으면 기회가 오지 않겠지만 만약 그런 기회가 와서 막상 임하게 되면 오히려 선수들 몸이 더 위험해 집니다.

바이애슬론이라는 종목은 비인기종목이라 사람들이 잘 알지 못하죠. 이 종목이 어떠한 근육이 중요하고, 사용되는지, 기본적으로 웨이트 트레이닝을 했을 때 어떤 운동방식이 옳은 것인지 알고 있어야 합니다. 선수들 말로 전에 있던 트레이너가 적용시켰던 운동방식이 선수생명을 앗아갈 뻔 했고, 현재 어깨나 무릎에 멀쩡한 곳이 없어 너무 안타까웠습니다. 선수는 운동이 직업이고, 몸이 자산입니다. 하고자 하는 종목을 취미로 해보는 것은 정말 좋다고 생각하고, 직접 경험해보는 것은 눈으로 보는 것보다 훨씬 움직임에 대한 이해도가 높아집니다. 배우고 경험하세요.

前 바이애슬론(스키&사격) 국가대표팀 AT 김 한 울

배구 선수트레이닝

1. 선수트레이너를 지원하게 된 계기
축구를 보는 것을 좋아했는데, 대학교 2학년때 진로에 대한 고민을 하던 중, 무심코 TV를 틀었는데 2002년 한일 월드컵 하이라이트 영상이 흘러나왔습니다. 그때 나도 언젠가는 저 무대에서 일해보고 싶다는 막연한 생각이 들었고, 어떤 직업을 가져야 하는지를 알아봤습니다. 감독이나 코치를 하기에는 선수를 하지도 않았기에 제외하고 더 알아보니 팀닥터 라는 직업군이 있다는 것을 알게 되었습니다. 그래서 더 알아보니 사실 팀닥터는 스포츠팀을 전담으로 맡은 의사를 얘기 하는거였는데, 그렇게 알아보다 보니 선수트레이너라는 직업군을 발견 하게 되었습니다. 그때부터 선수트레이너에 대한 관심이 생겼고 더 파고들고 공부하기 시작했던 것 같습니다.

2. 좋은 점과 힘든 점
선수트레이너를 본격적으로 공부해서 자격증을 취득하고 운이 좋게 바로 LG트윈스에서 실습을 하게 되었는데, 제가 TV에서 보던 선수들을 가까이서 보면서 팀의 일원으로써 함께 팀 운영에 제가 보탬이 된다는 느낌을 받아서 좋았습니다.
 또한 제가 알려주는 운동을 통해 선수들의 기량이 좋아지고, 통증이 나아지는 점들을 보면서 보람을 느꼈던 것 같습니다.
 다만 힘든점은 팀 스케줄을 따라가야 하다 보니 개인시간이 없는 것은 아니지만, 주말에 경기가 보통 있기 때문에 불규칙한 휴일이 있다는게 힘든것 같습니다. 요즘은 그래도 출퇴근 하는 구단도 많아졌고, 휴식의 대한 중요성이 높아지고 있어서 덩달아 휴일도 많아졌기 때문에 점점 근무형태가 좋아지고 있다고 볼 수 있습니다.

3. 에피소드
5년전 대한항공 프로배구단에서 근무할 때, 챔피언 결정전 1차전에서 주전선수 중 한명이 발목을 다치게 되었었는데, 병원에 가보니 다음 경기에 지장이 있을 정도로 다쳤다고 합니다. 하지만 중요한 경기였고, 본인이 어떻게든 뛰어야겠다는 의지가 강했기에 그때 당시 같이 일했던 2명의 트레이너 선생님들과 함께 새벽3시까지 교대로 ICE처치 및 물리치료를 적용했고, 덕분에 통증이 조금 낮아져 테이핑을 하고 남은 경기를 무사히 마칠 수 있었던 경험이 있습니다. 물론 경기를 다 마치고 나서는 시즌 종료 후 바로 다음날 발목을 수술하게 되었습니다. 그만큼 선수가 뛰고자 하는 의지가 강했고, 그 의지에 맞춰서 선수트레이너가 할 수 있는 최대한의 도움을 해줬는데 그 경험이 정말 아직도 잊히지 않는 것 같습니다.

4. 조언 한마디

올해로 10년정도 선수트레이너로써 활동을 이어가고 있는데, 20대 초중반에는 배움의 대한 갈망이 크다보니 새로운 테크닉, 새로운 트레이닝 등 남들보다는 앞서 가야한다는 마음으로 인한 새로운 것에 대한 욕구가 있었습니다. 현재 30대 중반을 바라보고 있는 시점에서, 이번에 새로 대학원 입학하고 논문을 준비하고 기본 과학(운동생리학, 운동역학)을 더 공부하고 연구하고 있는데, 그 이유는 결국 트레이닝을 적용하다보면 퍼포먼스 적인 부분보다 기본을 더 파고 들어야 깊이가 있다고 생각들었기 때문입니다. 선수트레이닝을 공부하시면서 늘 기본에 대한 생각을 놓지 마시고, 그러한 공부하다보면 새로운 것들에 대한 지식이 들어오더라도 많이 휘둘리지 않고 기초 지식의 대한 뼈대를 잘 확립한다면 선수트레이너로 활동하면서 큰 도움이 되리라 생각됩니다

前 대한항공 프로배구단 심 규 화 AT

사격 선수트레이닝

1. 종목의 소개
사격은 총기를 이용하는 스포츠로 총은 화약이나 공기 압력등의 힘으로 탄환을 발사하는 무기를 말합니다.
이와 같은 총을 이용하여 일정한 거리의 타깃이나 이동 또는 비행하는 목표물을 얼마나 정확히 쏘아 맞추느냐를 겨루는 경기가 스포츠 사격입니다.

2. 시즌 및 종목 특성
사격은 2월에서 3월사이에 시즌을 시작해서 10월 전국체전과 월드컵 파이널 경기를 마지막으로 시즌 종료하게 됩니다. 종목 특성으로는 사격은 세부종목이 많아 여러가지 형태의 경기모습을 볼 수 있습니다.
크게 3가지로 나누면 소총, 권총, 이동표적(클레이,러닝타겟)으로 종목을 나눌 수 있고 그 안에서도 거리마다 또는 자세마다 세부종목이 달라지게 됩니다.

3. 이런 부상이 많다
사격은 다른 동적인 스포츠에 비해 신체활동이 많지는 않지만 반복적인 동작과 일반적이지 않은 자세 때문에 오는 부상이 많습니다.
소총 선수의 경우 주로 허리와 목의 Herniation of intervertebral disk 부상이 가장 많으며, 권총 선수는 어깨에서의 Rotator cuff tear, impingement syndrome이 가장 흔하고, 이동표적 선수들의 경우는 주로 허리와 목의 Herniation of intervertebral disk, upper back pain이 많습니다.
사격은 한쪽으로만 운동하는 편측 운동인 관계로 오랫동안 반복적인 동작을 해온 선수들의 대부분은 공통적으로 약간의 Scoliosis와 Kyphosis를 가지고 있어 문제되는 통증들이 세부 종목마다 다양하게 발생 합니다.

4. 이런 훈련을 많이 한다
권총선수들의 경우 Rotator cuff 강화훈련을 위한 테라밴드운동과 어깨 안정화 운동을 보강훈련으로 실시해 주고 있으며, 소총선수들의 경우 코어를 중심으로 한 근력강화 훈련을 실시하고 있습니다.
클레이선수들과 러닝타겟선수들의 경우 그 종목의 기능적인 움직임이 잘 나올수 있도록 모든 움직임이 시작되는 몸의 중심(core)의 강화를 기반으로 기능적 움직임을 이끌어 낼 수 있는 해당 세부종목의 functional traning을 할 수 있도록 지도 하고 있고, 전반적으로 오래 서서 경기를 하는 사격종목의 특성상 하체 근지구력 훈련도 기본적인 트레이닝으로 하고 있습니다.
전체적으로 get set program을 통한 신경근 훈련을 통하여 부상 후에 올 수 있는 ligament의 instability와 proprioceptor의 기능성 저하로 부상이 되풀이 되는것을 예방하고, 오랜 기간 편측 운동을 해온 선수들의 몸을 균형있게 만들어주는 여러가지 교정운동도 실시하고 있습니다.

5. 에피소드
저의 경우 비행기를 오래 타고 국제대회를 자주 다니는 선수들의 특성상 시합 직전 컨디션이 안 좋은 경우가 많이 있어서 국제대회를 갔을때 가장 긴장을 많이 하고 에피소드도 많이 생기는 것 같습니다. 장시간 비행으로 인한 허리통증이나 무거운 장비로 인한 근육통, 갑작스러운 ROM제한, 물갈이, 감기몸살등 여러 돌발상황이 많이 발생하는데, 그때마다 치료적인 마사지나 스트레칭, 그때 그때에 맞는 상비약 복용등을 통해 통증을 완화시키고, 움직임을 회복시켜 시합을 앞둔 선수에게 심리적인 안정감을 주어 해당 대회에서 좋은 성적을 낼 때가 저에게는 가장 큰 에피소드이고 보람된 일인 것 같습니다.

조언 한마디 누군가를 support한다는 것이 쉬운 일은 아닌 것 같습니다^.^ 하지만 힘든 만큼 보람도 큰 직업이라 생각됩니다. 나로 인해 누군가가 목표를 이룰 수 있다는것, 그 일을 함 께 한다는 것은 멋진 일이라고 생각합니다! 화이팅! !!

사격 국가대표팀 이 보 라 AT

스키 선수트레이닝

1. 선수트레이너를 지원하게 된 계기
안녕하세요. 저는 알파인 스키 국가대표 후보, 꿈나무대표 선수, 데몬스트레이터 개인 트레이너 정건혁 이라고 합니다. 저는 어린 시절부터 스키선수를 하다 대학교를 들어와서 부상을 당해 그만 두게 되었습니다. 재활을 하면서 웨이트 트레이닝에 관심을 가졌고 재활 트레이닝 까지 영역을 넓혀 공부를 시작했습니다. 스키라는 종목이 비인기 종목이고 그렇다 보니 팀마다 체력코치나 재활트레이너가 있지 않았습니다. 재활을 공부하고 운동을 하면서 이렇게 체계적으로 하면 부상방지에도 도움이 되고 좋은 선수들도 배출 할 수 있다고 생각을 했습니다. 저는 아무래도 스키선수 출신이다 보니 스키라는 종목에 대한 이해도가 높았고 후배들에게 좋은 지식을 전달하고 싶어서 선수트레이너에 지원하게 되었습니다.

2. 좋은 점과 힘든 점
선수 트레이너를 하면 좋은 점은 성취감이 있다는 것입니다.
운동에 인생이 걸린 선수를 내가 컨디셔닝 하고 트레이닝 시키면서 그 선수가 입상을 하고 발전해 나갈 수 있도록 내가 기여를 한다는 것에 대한 보람과 성취감이 생깁니다. 힘든 점은 그만큼 큰 부담감이 있다는 것입니다. 그래서 시즌 비시즌 할 거 없이 내 여가 생활을 생각하기 보다는 내 선수들에 대해 생각을 하고 어떻게 하면 더욱 효과적으로 트레이닝 시킬 수 있도록 끊임없이 공부를 했습니다. 내가 잘못된 방향으로 트레이닝 시키거나 부상을 야기하는 트레이닝이 될 경우 나는 많은 선수들 중에 한 선수를 잃은 것이라 생각 할 수 있지만 그 선수는 치명적인 선수생활을 경험할 것입니다. 한 사람의 인생을 책임지는 직업 인 만큼 큰 성취감을 가져올 수 있지만 그만큼 큰 부담감도 동반하게 됩니다.

3. 이런 부상이 많다
스키선수들 뿐만 아니라 일반스키어 에게도 가장 많이 나타나는 부상은 전체 부상의 60%이상을 차지하는 무릎부상입니다. 무릎 부상 중에서도 전방 십자인대 부상이 가장 많이 일어납니다. 전방십자인대 부상을 당하는 가장 큰 원인은 경사를 내려오는 활주 상황에서 균형을 잃고 뒤로 주저앉게 되면 스키 판의 속도에 이끌려 스키어와 스키 판의 활주 속도는 다르게 됩니다. 그 과정에서 과한 무릎 굽힘(flexion)이 일어나게 되고 스키의 불안정한 컨트롤로 인해 무릎의 뒤틀림(torsion)이 일어나서 전방십자인대 부상이 일어납니다. 매년 시즌에 1~2명 정도의 선수들이 시합이나 연습 도중에 이러한 부상을 입은 걸 보았던 경험을 했고 저도 마찬가지로 이러한 상황에서 무릎전방십자인대 부상을 당했습니다.

4. 이런 훈련을 많이 한다
알파인스키 시합은 길게는 3분 안에 끝이 나는 종목이기 때문에 짧은 순간에 큰 힘을 낼 수 있는 근 파워 운동과 체력운동을 초점을 맞춰서 진행합니다. 가장 많이 하는 훈련은 근력운동으로는 플라이오메트릭을 하고 체력운동으로는 민첩성(Agility)을 동원한 운동을 많이 합니다. 플라이오메트릭은 근육의 신전반사를 키워 급격한 움직임에도 컨트롤이 가능하게 하며 순간적인 힘을 길러주기 때문에 빠른 움직임과 밸런스가 필요한 스키 종목에 많이 하는 운동입니다. 민첩성 운동으로는 레더트레이닝, 셔틀런을 많이 합니다.

5. 조언 한마디
저는 선수트레이너 이기 전에 스키선수 이었습니다.
운동선수 10명중 6명은 은퇴 후 전혀 상관없는 업종에서 일을 한다고 합니다. 저는 그러고 싶지 않았고 은퇴를 했으나 제 종목에 대한 애정이 남아있었습니다. 인생에 반 이상을 운동에 매진해서 남들에 비해 아는 것이 없다고 할 것이 아니라 남들보다 본인종목에 대한 이해도가 높았기 때문에 큰 이점이 있었다고 생각했습니다. 그래서 트레이닝에 대한 공부만 뒷받침한다면 남들에 비해 빨리 발전할 수 있다고 생각해서 선수트레이너가 되었습니다. 막연하게 '선수트레이너가 되어야지' 이러한 생각보다는 원하는 스포츠 종목에 대한 이해도와 공부를 한 후에 그 종목에 맞는 트레이닝을 공부 하는 것이 바람직하다고 생각합니다. 그리고 필드를 시간이 나는 대로 나가서 눈으로 보고 배우는 게 책에서는 공부 할 수 없는 것들이 직접적으로 와닿을 수 있을 겁니다. 그저 겉으로 보았을 때 멋져 보이는 직업이 아닌 책임감을 가지고 내 선수들을 가족처럼 느끼며 입상을 했을 때나 부상을 당했을 때 같이 기뻐하고 슬퍼 할 수 있어야 합니다.

前 알파인스키 상비군, 꿈나무선수 AT 정 건 혁

세팍타크로 선수트레이닝

1. 종목의 소개
세팍타크로는 말레이시아어로 '차다'는 뜻의 '세팍' 과 타이어로 '공'을 뜻하는 '타크로'의 합성어로 동남아시아에서 기원된 스포츠입니다. 네트를 사이에 두고 두 팀이 볼을 땅에 떨어뜨리지 않고 발로 볼을 차 승패를 겨루는 경기입니다. 경기 종류는 3개의 레구로 구성된 팀이 모여 리그 형식으로 진행되는 팀 이벤트, 서클 이벤트, 더블(2명 한팀), 레구(3명 한팀), 쿼드(4명 한팀)의 방식으로 진행됩니다. 한 경기는 총 3세트로 이루어지며 세트의 최소 승리 포인트는 15점입니다. 14:14일 때는 듀스로, 2점 차로 먼저 득점하는 팀이 승리합니다.

2. 시즌 및 종목 특성
3월부터 11월 까지 시즌기, 12월부터 2월까지 비 시즌기라 생각할 수 있습니다. 매년 9월-12월 사이에는 전국체전, 세계대회가 주로 열리기 때문에, 이 기간이 시즌기 중에서도 가장 중요합니다. 이 외 비 시즌기에는 기술적인 측면보단 주로 체력을 끌어올리는데 조금 더 포커스를 두고 훈련합니다. 세팍타크로는 발로 하는 배구 라고 생각하면 쉬울 것 같습니다. 한 팀에서 포지션 별로 각 역할이 다르고, 게임에 따라 전략이 다양합니다. 포지션은 킬러(공격수), 테콩(서비스), 피더(셋팅)과 같이 나뉘어있으며, 수비는 볼이 넘어오는 쪽의 선수가 받아내는 것으로 포지션이 정해져있지 않고 다같이 진행 합니다. 팀워크, 서로 간의 소통이 굉장히 중요한 스포츠입니다.

3. 이런 부상이 많다
남자 선수와 여자 선수를 나눠서 바라본다면, 남자 선수들의 경우 상대적으로 점프력이 높고 파워가 세서 착지하며 어깨, 팔꿈치, 손목을 많이 다칩니다. 여자 선수의 경우 남성보다 상대적으로 골반이 넓고 약한데, 다리를 휘어감아 공격이 들어가기 때문에 한쪽 다리와 골반만 과도하게 돌아가는 부상을 많이 당합니다. 남녀 구분 없이 순간적으로 높이 떴다 착지하는 동작의 반복으로 인해 햄스트링 근육을 많이 다치고, 발목과 무릎에 항상 불안전성을 호소합니다. 이와 함께 컨디셔닝 시 고관절의 찝힘 증상을 많이 볼 수 있었습니다.

4. 이런 훈련을 많이 한다.
종목의 특성상 몸이 가볍고, 순간적인 움직임이 잘 나와야하기 때문에 플라이오메트릭과 SAQ(Speed, Agility and Quickness)을 기반으로 한 트레이닝을 많이 합니다. 한 발을 지지하고 볼을 차기 위한 밸런스와 코어, 이를 지지하는 목적의 골반 안정화 운동은 메인 훈련 전 선행적으로 진행됩니다. 비 시즌기에는 볼을 차는 힘을 강화시키기 위해 하지 웨이트 트레이닝(둔근, 내전근, 햄스트링 위주)을 들어갑니다.

5. 조언 한마디
지난 여름 자카르타 아시안 게임을 앞두고 국가대표 여자대표팀 컨디셔닝을 진천선수촌으로 갔습니다. 짧은 기간이었지만 많은 것을 보고 느끼며 발전 할 수 있었던 시간이었습니다. 선수

트레이너에게는 무엇보다 경험이 중요하다고 생각합니다. 자격증은 돈 주고 살 수 있지만, 경험은 돈으로도 살 수 없습니다. 선수를 접할 수 있다면 어떤 것이든 도전해보기 바랍니다. 선수트레이너 라는 직업은 경기 전 테이핑 부터 경기가 끝난 후 리커버리까지, 진행하는데 있어 모든 부분을 관여하는 직업이니 만큼 사명감을 갖고 임했으면 좋겠습니다. 응원하겠습니다. 파이팅!

前 파워짐 플래티넘 센터장 **백 광 열** AT

육상 선수트레이닝

1. 종목의 소개
육상은 인간의 기본적인 움직임을 중요시하며 달리고, 뛰고, 멀리던지기 와 같은 인간의 기본적인 기능을 바탕으로 한 종목입니다. 육상의 기원은 고대 그리스에서는 신의 제전 및 종교적 행사와 이러한 경기가 밀접하게 관련되어 식전행사의 일부로 달리기 · 창던지기 · 철구던지기 등의 종목이 행하여 졌고 스포츠로서 기록이 남아 있는 것은 서기전 776년 그리스에서 제우스신을 찬양하기 위하여 시작된 고대 올림픽에서부터입니다. 고대 올림픽은 로마의 지배를 받으면서 394년 폐지되었으나 1896년 쿠베르탱에 의하여 부활되어 근대 올림픽에서 육상경기의 활동이 다시 시작되어 현재 까지 이어져 오고 있습니다. 육상 종목에서는 달리기 종목은 100m, 200m, 400m, 800m, 1,500m, 5,000m, 1만m 허들종목은 여자 100mH, 400mH, 남자 110mH, 400mH, 계주(Relay)는 400m(4×100m)와 1600m(4×400m)가 있으며, 3,000m(SC)장애물 경기도 있습니다. 경보는 (5km, 10km, 20km, 30km, 50km) 도약경기는 높이뛰기, 장대높이뛰기, 멀리뛰기, 세단뛰기, 투척경기 투창, 투원반, 투포환, 투해머, 혼성경기 남자 10종, 여자 7종 경기, 그리고 마라톤 까지 다양한 종목들이 있고, 육상은 보통 3월에 있는 마라톤시합을 시작으로 10월 전국체전까지 마라톤, 트랙&필드 시합이 다양 하며 2년에 한번 열리는 세계육상선수권, 아시아육상선수권이 있습니다.

2. 종목의 특성
육상은 크게 나누게 되면 달리고, 뛰고, 던지기가 주이기 때문에 단거리주자 와 도약선수에 있어서 가장 중요한 폭발적인 Power를 낼 수 있는 트레이닝방법과 폭발적인 Power에서 올수 있는 부상을 예방하는 예방운동이 중요하고 중,장거리 선수와 같은 지구성 운동선수는 오래 버틸 수 있는 Core의 안정성과 전신 지구성 트레이닝, 그리고 오래 달리기 때문에 빠른 회복을 위한 Conditioning이 중요하며 오래달리며 올 수 있는 부상 예방을 위해 부상예방 트레이닝에 큰 힘을 쏟아야 합니다. 그리고 투척 경기에서는 단거리 경기와 마찬가지로 폭발적인 Power Training 과 대부분 투척 경기에서 필요한 Rotation Power Training, 다른종목과 마찬가지로 예방운동이 중요합니다.

3. 이런 부상이 많다
우선 대표적인 부상은 단거리 주자 같은 경우 주된 부상은 근육의 부상인데 Hamstring의 좌상과 파열이 가장 많으며 중,장거리 선수의 경우 경골의 Shin Split, stress fracture, I,T Band 증후군 과 같은 부상이 많고 도약선수 같은 경우 경골의 Shin Split, stress fracture, 발목의 인대 염좌, 허리 염좌 와 같은 부상이 흔하며 투척선수는 만성 요통, 상체 근육의 염좌, 손가락 부상이 흔하게 발생합니다.

4. 조언 한마디
우선 종목의 특성을 잘 이해해야 하며 선수들이 필요한 Performance가 무엇인지 어떤 부상이 많고 부상 예방을 위해 어떤 트레이닝을 해야 할지 항상 고민해야 하며 선수 개개인의 기능부

전을 찾아내서 Performance를 올려 줄 수 있는 트레이너가 되어야 한다고 생각합니다. 선수를 생각하며 희생하고 선수를 위해 단 1%라도 도움을 줄 수 있는 그런 트레이너가 된다면 현재 자리에서 최고가 될 수 있지 않을까 라고 생각합니다.

現 국가대표 육상팀 AT **손 용 국**

체조 선수트레이닝

1. 선수트레이너를 지원하게 된 계기
저는 기계체조 선수생활을 10년했었습니다 제가 선수생활을 했을 때나 현재에도 부상 때문에 은퇴를 하게되는 안타까운 선수들이 상당히 많은데 저는 이렇게 부상 때문에 은퇴를 빨리 선택하는 선수들이 항상 안타깝다는 생각을 했었습니다 그래서 조금이나마 제가 운동한 체조 선후배 선수들이 부상 없이 선수생활을 오래 했으면 좋겠다는 생각에 대한예방운동협회와 바디메카닉에서 공부하며 일을 하게 되었습니다. 그래서 overcoming gravity 라는 책을 번역하고 있으며, 통합의학대학원에도 진학하여 더 공부하고 노력하여 현재에는 없는 체조 전문 재활 지도자가 되어 선수들에게 도움을 줌으로써 선수들이 부상 없이 더 좋은 경기력을 보여주는데 도움을 주는 역할을 하고 싶습니다.

2. 종목의 소개
기계체조의 경기종목은 남녀에 따라 다르며, 남자의 경기종목은 6종목으로 마루, 안마, 링, 도마, 평행봉, 철봉입니다. 여자종목은 4종목으로 마루, 평균대, 이단평행봉, 도마입니다. 19세기 초 독일의 프리드리히 얀이 오늘날의 기계체조 원형으로 발전시켰고, 1896년 제1회 올림픽경기대회에서 정식종목으로 채택된 데 이어 1903년 제1회 세계선수권대회가 개최되었습니다. 기구의 특성을 이용하여 맨몸으로 기술들을 표현하고 근력, 유연성, 밸런스, 민첩성이 필요로하는 종목입니다.

3. 이런 부상이 많다
체조선수들의 경우 운동특성상 위험한 기술들이 많고 기술을 수행할 때 충분한 몸을 풀고 하지 않았을 때 부상들이 많이 발생합니다. 특히 손을 갈아잡는 기술 시 손목이나 손가락의 부상이 발생하고 공중에서 비틀고 착지를 하는 동작에서 많은 위험성이 발생하고 착지동작시에 발목 무릎 허리의 다양한 부상이 많이 발생합니다.
기계체조는 종목 특성상 여러종목을 실시하고 많은 운동량이 필요할 수밖에 없기 때문에 많은 훈련량으로 근육들을 과사용하여 아픈 곳이 많이 발생한다고 생각합니다. 특히 아픈곳을 참아가며 훈련을 반복하기 때문에 나중에 더 많은 부상들이 발생하는 것 같습니다.

4. 조언 한마디
선수트레이너를 하기 위해서 많은 공부를 해야하고 공부가 어느정도 되었다면 여러 종목의 선수들이나 팀에 가서 현장에서 많은 경험을 통해 배우고 많은 것을 느끼며 성장하는 것도 중요하다고 생각합니다. 저 또한 공부를 하고 시합장에 수백번 가봤지만 AT로서 처음 기계체조 전국대회가 있어 의무지원으로 나갔었는데 한 선수가 결승을 두 종목이나 들어갔다고 하는데 종아리 통증을 많이 호소하여 연습훈련을 못하고 있었는데 그 선수를 근막이완과 가동성 운동 PNF 스트레칭을 해줬더니 다음날 결승경기에서 메달을 땄다고 하여 내가 메달을 딴것 같고 인정받은 것 같아 기분이 좋았었던 기억이 있습니다. 이런 경험을 통해서 자신의 부족한 부분을 알아가며 그 부분을 더 깊이 공부할수 있을 것입니다. 이렇게 공부와 경험을 하게 된다면 많은 성장을 할 것이며 선수들에게 더 나은 트레이닝이 될 수 있을것이라 생각합니다.

現 전북체조팀 AT **최 병 우**

배드민턴 선수트레이닝

1. 선수트레이너를 지원하게 된 계기
안녕하세요 저는 경희대학교 체육대학 스포츠의학을 전공하고 있는 박상협입니다. 저는 어렸을 때부터 축구 및 운동을 좋아하여 체대를 희망해왔지만, 대학에 진학해서 정확히 뭘 배우고 싶은지는 진지하게 생각해 본 적이 없었습니다. 대학 생활을 하던 중 경희대학교 Athletic training (A.T)라는 학술동아리에서 운동선수들을 지도하고 더 나은 퍼포먼스를 위해 노력하는 선배들의 모습을 보며 제 꿈을 정했습니다. 졸업 후 막연히 운동시키면 되겠지 라는 가벼운 생각에서 벗어날 수 있게 해주었고, 강의실에서 앉아 이론으로만 접했던 내용을 실제적용해보고, 느낄 수 있는 기회가 주어졌습니다. 지금은 조금 더 효율적으로 과학적으로 퍼포먼스를 향상시킬 수 있을지, 어떤 운동을 적용시켰을 때 어떤 반응이 나타날지 예측을 하고 선수들을 지도해야하기 때문에 스스로 공부하고, 나타나는 결과를 보며 작게나마 뿌듯함을 느낍니다.

2. 좋은 점과 힘든 점
선수들과 가장 가까운 곳에서 같이 노력하고, 도와주면서 힘들게 한 훈련을 통해서 선수들이 만족하는 좋은 결과를 만들어 냈을 때 가장 기분이 좋은 것 같습니다. 부상을 당하지않고, 좋은 몸 상태를 유지하는 것이 가장 좋은 일이지만, 부상을 입었을 때 재활운동을 통하여 다시 필드로 복귀해서 정상 훈련에 참여할 때도 기쁜 마음을 느끼게 됩니다. 힘든 점은 자신의 시간이 부족합니다. 시합 및 대회에서 좋은 성적을 거두기 위해서 선수들이 피땀 흘리는 시간만큼, 선수트레이너 또한 옆에서 같이 노력하고, 더 좋은 훈련방법을 위해서 많은 시간을 투자해야합니다.

3. 이런 부상이 많다
배드민턴은 상지와 하지 구분없이 사용하는 스포츠로, 다양한 부상을 야기합니다. 대표적인 부상은 점프 후 잘못된 착지, 빠른 방향전환으로 발목 염좌와 강한 스매싱과 반복적인 스윙동작으로 회전근개의 손상이 잦습니다. 이를 예방하기 위해서 하지 근력강화, 밸런스 트레이닝, 어깨 주변근 강화 등을 보강운동으로 실시합니다

4. 이런 훈련을 많이 한다
코트내에서 빠른 방향전환과, 점프를 해야하기 때문에 하지의 근력이 필요하며, 라켓을 이용해 강한 스매싱 등 다양한 동작을 위해서는 강한 어깨, 손목이 필요하고, 코어가 잘 잡혀있어야합니다. 또한 경기가 오랜 시간동안 지속되기 때문에 근지구력이 요구됩니다. 따라서 어느 특정한 훈련을 집중적으로 한다기보다는 위 항목에서 선수들에게 부족한 부분을 채워줄 수 있는 훈련을 때에 따라 맞춰서 진행하며. 부상을 예방하기 위해 운동 전에 충분한 스트레칭, 운동 후 코어운동 및 보강운동을 꼭 실시합니다.

5. 조언 한마디
저도 아직 많이 미숙하고 배워가면서 실습을 하는 입장에서 조언을 감히 드리기가 민망하다고 생각합니다. 제가 2년동안 느낀 점과 생각을 말씀드리면, 경험이 중요하다고 생각합니다. 이론

적으로 배운 것이 많고 내 머릿속에 들어있다고 생각하는 것도 필드에서 적용하려면 다른 점과 제한되는 점이 존재합니다. 그럴 때 당황하지않고 자신감 있게 트레이닝을 진행하려면 직접 나와서 경험해보는 것이 가장 도움되는 것 같습니다. 또한 운동을 직접 경험해보는 것이 중요하다고 생각합니다 본인이 맡은 종목을 직접 경험하며 체험해보는 것이 선수들의 움직임을 이해할 수 있다고 생각합니다.

現 경희대 배드민턴팀 AT **박 상 협**

태권도 겨루기 선수트레이닝

1. 종목의 소개
태권도 겨루기는 2명의 선수가 각각 청색과 홍색의 전자 호구와 헤드기어를 착용하고 주먹 지르기, 여러 발차기 기술들을 이용하여 점수를 내는 종목입니다. 한 경기는 3set로 구성되며 1set당 2분의 시간이 주어집니다. 또한 set간 break time은 1분입니다. 태권도 겨루기는 2008년 5월 중국에서 열린 아시아 선수권 대회를 기점으로 일반 호구 득점 방식에서 전자 호구 득점 방식으로 바뀌었습니다. 사실상 전자 호구의 센서만 울리면 득점을 획득하게 되기 때문에 득점을 내기 위한 여러 발차기 방법들이 사용되고 있고, 연구되고 있습니다. 전자 호구 방식으로 득점 방식이 바뀌면서 오로지 득점을 내기 위한 선수들의 경기 스타일이 태권도 겨루기의 재미를 떨어트렸다는 혹평도 많이 받고 있지만 태권도의 종주국인 한국에서는 꾸준히 사랑받고 있는 스포츠 종목입니다. 과거 88올림픽을 시점으로 올림픽 공식 종목으로 채택 된 태권도는 한국에 꾸준한 금메달을 안겨주는 종목이었지만 최근 한국 코치들의 세계 활동 등으로 인한 태권도 종목의 세계화로 전 세계 태권도 겨루기 선수들의 실력이 상향 평준화 되어가고 있는 상황입니다.

2. 선수트레이너를 지원하게 된 계기
안녕하세요 저는 경희대학교 스포츠의학과를 다니고 있고, 경희대학교 태권도 남자겨루기 팀에서 전담 AT로 활동하고 있는 김동현입니다. 경희대학교 스포츠의학과의 교육은 나날이 발전하고 있고, 교육 커리큘럼도 매우 뛰어납니다. 하지만 배운 이론을 써먹기 위해서는 수많은 실습 경험이 필요하다고 생각했습니다. 경희대학교 AT동아리는 학부생이 선수 트레이너로서 실제로 경희대학교 선수팀에서 근무할 수 있는 시스템을 가지고 있습니다. 제가 사회로 나가기 전에 실력과 경험을 쌓을 수 있는 가장 큰 기회라고 생각해서 경희대학교 선수트레이닝 동아리를 지원하게 된 게 시점이었습니다. 거기서 엘리트 선수들의 몸을 관리하고, 분석하면서 많은 것을 배웠고, 선수트레이너의 매력을 알게 되었습니다. 실제로 선수들의 몸은 일반 사람들과 많이 달라서 변수도 많고 생각해야 할 것도 더 많았는데 그러한 점이 제가 지금까지 선수트레이너로서 활동하면서 가장 좋았던 점 입니다.

3. 가장 많이 당하는 부상
선수들은 아무래도 일반인들보다 근 골격 계 질환에 더 많이 노출되어 있습니다. 특히 태권도 겨루기는 하지를 많이 사용하는 종목이기 때문에 하지 쪽 부상 빈도가 높습니다. 태권도 겨루기에서 가장 많이 당하는 부상 부위는 발목입니다. 스텝을 뛰거나 발차기를 할 때 발목 관절을 plantar flexion 시키게 되는데 이는 발목 관절의 느슨함을 초래하고, 이 상태에서 헛딛게 되면 발목 염좌로 이어질 수 있습니다. 실제로 태권도 겨루기라는 종목에 있어 발목 염좌를 경험 한 선수들은 경험하지 않은 선수들보다 많습니다. 그렇기 때문에 평소에 발목 테이핑을 습관화 하고, 비골 근육 트레이닝, 밸런스 트레이닝 등을 통해 발목 염좌를 예방하는 것은 매우 중요하다고 생각합니다.

4. 태권도 겨루기에 좋은 트레이닝

태권도 겨루기는 무산소 운동에 해당합니다. 그렇기 때문에 단순히 러닝머신을 장기간 타면서 체력 운동을 실시하는 것보다는 단시간에 폭발적인 힘을 내고, 근육이 빨리 피로해지지 않도록 하는 트레이닝이 중요하다고 생각합니다. 체력 운동은 고강도의 인터벌 트레이닝이 적절하며 경희대학교 선수들은 사이클을 이용해 고강도 인터벌 트레이닝을 실시하고 있습니다. 또한 단순히 하체 운동만 하는 것이 아니라 상체 운동도 많이 해 주어야 합니다. 실제로 발을 찰 때는 상 하체 근육이 동시에 쓰이기 때문에 웨이트 프로그램을 짤 때도 전신 근육을 다 트레이닝 시켜 주어야 합니다. 태권도 겨루기에서는 서로를 미는 힘을 키우는 것도 매우 중요한데 밸런스 패드에 한 발로 서서 상대를 미는 트레이닝 등 다양한 기능 훈련을 추가적으로 시키는 것도 매우 중요합니다. 그리고 보편화 된 트레이닝 방식 보다는 태권도 겨루기가 개인 종목이라는 점을 고려했을 때 각 선수의 컨디션과 스타일에 맞게 트레이닝을 시키는 것이 매우 중요하다고 생각합니다.

5. 조언 한마디

사실 센터에서 일반인을 대상으로 트레이닝을 하든 팀에서 선수를 대상으로 트레이닝을 하든 공부하는 큰 틀은 차이가 없다고 생각합니다. 하지만 선수 트레이너의 길을 선택하게 된다면 내가 관리하는 사람이 선수라는 점을 절대 잊어서는 안됩니다. 만약에 재활을 한다고 해도 일반인이면 일상 생활을 하는데 지장이 없고, 완전한 치유를 목표로 할 것입니다. 하지만 선수 재활의 최종 목표는 이 선수를 최대한 빨리 선수 팀으로 복귀시키고, 이 선수가 선수로서의 생활을 지속할 수 있도록 하는 것입니다. 그렇기 때문에 어떤 때는 최선보다 차선의 선택을 하게 되는 경우도 있는데, 예를 들어 선수가 중요한 시합을 앞두고 있다면 어느 정도의 위험을 무릅쓰고라도 재활 강도를 높여서 빠른 복귀를 목표로 해야 할 경우도 있습니다. 이렇게 대상이 선수인 만큼 트레이너로서의 트레이닝의 목적과 방법에 큰 차이가 생길 수 있다는 점을 항상 생각해야 한다는 것이 가장 큰 특징입니다.

現 경희대 태권도(겨루기) AT 김 동 현

태권도 겨루기 선수트레이닝 2

1. 선수트레이너를 지원하게 된 계기
어렸을 때부터 태권도에 관심이 많았고, 꾸준히 태권도를 해오면서 운동에 취미를 가지게 되었다. 물리치료사이신 부모님의 영향을 받아 선수들의 경기력 향상, 부상 예방 및 관리 등 선수트레이너에 꿈을 가지게 되었으며, 그 꿈을 이루기 위하여 경희대학교 스포츠의학과에 진학을 하게 되었다. 경희대학교 스포츠의학과에 들어와서 해부생리학, 운동생리학, 운동처방론 등 여러 과목의 수업을 듣고 공부를 하였지만 직접 선수들과 현장에서 호흡하며 실습을 하는 것이 중요하다고 생각하였고, 3학년 때 경희대학교 A.T Center 15기로 들어가면서 본격적인 선수트레이너로서의 공부를 하게 되었다.

2. 종목의 소개
태권도 겨루기는 한국 고유의 무술로서 2000년 시드니 올림픽부터 정식종목으로 채택되었고, 최근에는 2020년 도쿄올림픽을 앞두고 하계 올림픽 종목 28개 중 핵심종목으로 결정되었으며, 2018년 현재 208개 회원국을 갖고 있는 국제적인 스포츠 종목으로 자리매김 하였다. 과거에는 한국 선수가 세계대회 우승을 독점하여 출전 선수의 제한까지 받았으나 최근 들어 각종 국제대회에서 우수한 신체적 조건을 바탕으로 고도의 기술까지 갖춘 외국 선수에게 밀리고 있는 실정이다. 한국의 국기인 태권도에서 우수한 성적을 거두지 못하는 것은 매우 심각한 문제로서, 스포츠과학적인 연구와 지원을 통한 태권도 경기력의 향상을 위한 노력이 절실하게 요구된다.
태권도 겨루기는 2분 3회전으로 진행되며 주먹득점 1점, 몸통득점 2점, 얼굴득점 3점, 회전발차기 4점, 회전발차기+얼굴득점 5점(2018년 기준)으로 구성되어있다. 매년 겨루기 경기가 지루하다는 평을 바꾸기 위해 긍정적인 방향으로 새로운 규칙들과 방식이 개선되고 있다.

3. 좋은 점과 힘든 점
선수트레이너를 하면서 가장 좋은 점은 성취감이다. 한 가지 에피소드를 얘기하자면 처음 경희대학교 겨루기 A.T를 맡으면서 2학년 강OO 선수(현재 경희대학교 태권도 겨루기부 주장)가 시합에서 Meniscus Injury(반월상연골 파열)와 내,외측 반월상연골 모두 Grade2의 손상을 얻어서 수술을 하게 되었다. A.T생활을 하면서 첫 재활 환자이기도 하며, 그때 당시에는 지식과 경험이 부족하다고 생각하여 관련된 서적과 자료를 통해 계속해서 정보를 얻었으며, 재활을 하는 과정에서도 선수의 경기력 향상을 위해 수시로 선수의 피드백을 얻고, 같이 노력했던 기억이 떠오른다. 결국 그 선수는 재활을 통해 복귀에 성공하였으며, 복귀시합인 국방부장관기 태권도 대회에서 당당히 1등을 하면서 나에게 감사의 인사를 했던 기억이 떠오른다. 트레이너와 선수간의 믿음과 신뢰가 만들어낸 결과물이라고 생각하며, 이러한 과정을 통해 좋은 결과물을 얻었을 때 더할 나위 없는 성취감을 얻을 수 있었다.
또 하나의 에피소드는 리라아트고등학교 겨루기 부를 맡으면서 여자선수들이 아무래도 테이핑을 하는 부분에 있어서 민감하고 예민할 수 있어서 처음에 걱정도 많이했고, 고민이 많았지만 선수들과 소통을 통해 해결할 수 있었고, 나중에는 선수들마다 테이핑 특징과 강도에 대해서도 파악하여 선수들 개개인마다 특징을 잘 기억해서 필요한 테이핑을 해줄 수 있었다. 선수들은

테이핑하는데 있어서 만족하였으며, 시간이 지나서 선수들에게 있어서 좋은 피드백을 들었을 때에는 스스로가 뿌듯하고 성취감을 얻을 수 있는 부분이 생겼다.

선수트레이너를 하면서 힘든 점은 아무래도 개인적인 시간이 부족하다는 점이다. 단체생활을 하다 보니 개인적인 시간보다는 선수의 시간과 시합일정에 맞춰서 움직여야 하며, 태권도 겨루기 시합 같은 경우에는 보통 체급별로 나누어서 진행을 하다보니 5~6일정도 시합 일정이 잡혀 있는 경우가 많다. 때문에 주말에 직장생활을 하는 사람들은 쉬거나 취미활동을 할 수 있지만 트레이너는 보통 시합일정 외에도 선수들 차트정리 및 선수들의 컨디션점검 등 바쁜 생활을 하게 된다. 또한 트레이너 경험을 하다보면 자신이 모르는 부족한 지식이 생기는 경우가 많은데 트레이너 일을 중점으로 하다보면 책으로 공부할 여유가 없어서 지나쳐버리는 경우도 종종 발생한다.

4. 이런 부상이 많다

태권도 겨루기는 격투기 종목에 해당하므로 발을 이용하여 상대방의 호구에 타격을 하여 점수를 득점하는 종목이다. 때문에 가벼운 Contusion(타박상)부터 시작하여 심할 경우 Fracture(골절)까지 일어날 수 있는 종목이다. 주로 하지 쪽 부상이 많이 발생하며 발목, 무릎 쪽에서 상해를 입는 경우가 대부분이다. 때문에 태권도 선수들은 항상 시합 이외에 운동을 실시할 때도 발목테이핑과 무릎테이핑을 실시하여 예방을 하는 경우가 대부분이며, 태권도 시합이 열릴 때에는 대부분의 선수들이 자신에게 필요한 테이핑을 하고 시합에 출전한다.

5. 이런 훈련을 많이 한다

태권도 겨루기는 2분 3회전 동안 많은 체력을 소모하는 운동이기 때문에 주로 체력 운동을 위주로 하며, 경기력 향상을 위해 파워, BOSU Exercise(밸런스운동), Plyometric(플라이오메트릭) 등 짧은 시간에 순간적인 힘과 순발력을 향상시켜줄 수 있는 운동을 주로 실시한다.

구체적으로 체력운동으로는 인터벌 트레이닝을 실시하고 있으며, 주 3~4회 정도 웨이트 트레이닝을 하면서 주로 서킷트레이닝을 통해 강도 높은 훈련을 실시한다. 다른 종목과는 다르게 태권도 겨루기 같은 경우에는 한쪽 발을 지탱한 상태에서 다른 한쪽 발을 들어 상대방의 호구에 가격하는 동작이 많기 때문에 밸런스 운동이 상당히 중요하다. 때문에 BOSU 볼이나 다른 밸런스 패드 위에서 눈감고 외발서기, Squat(스쿼트), Medicine Ball을 주고받으면서 균형 잡기 등 여러 가지 밸런스 운동을 많이 실시한다. 또한 최근에는 Core Exercise(코어운동)을 통해서 기본적인 코어근육을 단련하기 위한 운동법을 많이 실시하고 있다.

6. 조언 한마디

'우물 안에 개구리'가 되지 않아야 된다고 생각한다. 물론 학교에서 배우는 지식과 정보들도 중요하지만 기회가 된다면 다양한 현장에서 수없이 많은 경험들을 통해 배우고, 느꼈으면 좋겠다는 얘기를 꼭 해주고 싶다. 또한 트레이너 일을 하면서 정답은 없다고 생각한다. 본인의 노력

과 선수들과의 신뢰와 소통이 자신을 한 단계 더 성장시킬 수 있으며 끊임없이 연구해야 된다고 생각한다. 선수트레이닝에 관심이 있으면 주어진 환경에서 열심히 공부하고, 기회를 얻어 처음에는 종목 상관없이 많은 경험을 했으면 좋겠다는 조언을 해주고 싶다. 그러다보면 자신에게 맞는 종목이 생길 것이며, 어느 순간 전문적인 지식과 정보가 쌓여있을 것이다. 화이팅!

前 경희대학교, 리라아트고등학교 태권도 겨루기 AT **이 종 창**

태권도 품새 선수트레이닝

1. 종목의 소개
태권도 품새는 크게 공인 품새와 자유 품새로 나뉘며 남자 개인전, 여자 개인전, 남자 단체전, 여자 단체전이 있습니다. 공인 품새는 대한 태권도 협회에서 제정하고 세계 태권도 연맹에서 공인하여 전 세계적으로 통일된 품새입니다. 자유 품새는 태권도의 피겨라고 불리며, 1분 10초 이내의 음악과 함께 기본 품새 동작, 회전 발차기, 공중 발차기, 연속 발차기, 아크로바틱 태권도 동작을 자유롭게 구성한 품새입니다. 공인 품새의 채점 요소로는 정확하게 품새를 시연하는 정확성, 그리고 힘, 강유완급 및 기를 표현하는 표현성이 있습니다. 자유 품새의 채점 요소로는 기본 동작 및 기술 발차기의 기술력 그리고 연출성(창의성, 조화, 기의 표현, 음악 및 구성)이 있습니다.

2. 종목의 특성
태권도 품새는 상대 선수와의 접촉이 없는 비접촉 스포츠입니다. 공인 품새는 발차기를 차며 한발로 균형을 잡고 안정적으로 중심이동을 하는 등 흔들림 없이 정확하고 강하게 동작을 표현하는 것이 중요합니다. 게다가 균형을 잃었을 때의 감점이 크므로 밸런스가 굉장히 중요한 요소입니다. 또한 자유 품새는 기술 발차기와 아크로바틱 동작을 완벽하게 소화해 내는 것이 중요하므로 점프력(파워)역시 중요한 요소입니다.

3. 이런 부상이 많다
품새 선수들이 파워있는 발차기를 찰 때 hamstring 근육과 adductor 근육이 순간적으로 늘어나게 됩니다. 또한 선수들은 발차기를 정상 가동범위 이상으로 찹니다. 이런 발차기가 누적되거나, 잘못차거나, 스트레칭을 제대로 하지 않고 차거나, 근력운동을 충분히 해주지 않을 경우, 순간적으로 늘어난 근육이 찢어지거나 끊어지게 됩니다. 또한 균형을 잃거나 고난이도 기술발차기를 차다 착지를 잘 못하여 발목을 접질리는 경우도 빈번합니다.

4. 이런 훈련을 많이 한다
스피드, 민첩성, 순발력 훈련을 기본으로 하며, 경기력 향상을 위해 밸런스, 파워 그리고 플라이오메트릭 훈련을 많이 하며 부상예방을 위한 hamstring 근육과 adductor 근육의 신장성 훈련 또한 많이 합니다.

5. 에피소드
제11회 세계 태권도 선수권 대회 국가대표 선발전을 앞둔 한 선수가 어느 순간부터 양쪽 무릎에 통증을 느끼기 시작했습니다. 이 통증이 지속되어 MRI검사까지 했으나 주변 선배들로부터 '무릎은 건드리는거 아니다. 무릎수술은 재활기간이 못해도 1년 이상이니 차라리 시합을 모두 뛰고 선수생활을 그만 둔 뒤 해야된다.' 등의 말을 듣고 수술 생각을 하지 않고 있었습니다. 하지만 MRI검사 결과를 보니 반월상연골 파열 이었으며 그 당시 저는 선수의 통증이 참고 경기를 뛸만한 통증이 아니고, 수술을 하지 않을 시 파열부분이 더 깊어지니 최대한 빨리 수술을 하고

국가대표 선발전을 준비해야 한다고 판단했습니다. 그래서 선수에게 반월상연골 부분 절제술은 재활기간이 짧고 복귀가 빠르다는 것을 설명하고 빨리 수술을 받아 선발전을 준비하는 것이 좋을 것 같다고 제안하였습니다. 선수는 저를 믿고 제안을 들은 바로 그날 수술예약을 잡고 수술 뒤 재활운동을 잘 따라주었습니다. 결국 그 선수는 국가대표 선발전에서 1등을 하였으며 세계태권도 선수권 대회에서 대한민국 대표 선수로서 복식전 금메달, 개인전 은메달을 땄습니다. 저를 믿고 따라주고 고마워하는 선수를 보고 큰 보람을 느꼈습니다.

6. 조언 한마디

선수트레이너와 관련된 공부를 많이 해야 합니다. 앞의 에피소드에서 봤듯이 충분한 공부가 되어 있어야 선수를 올바른 방향으로 이끌 수 있습니다. 좋은 실기 세미나가 있으면 듣고 많은 연습을 해야 합니다. 충분한 준비가 되어있어야 기회가 오고 훌륭한 선수트레이너 라는 것을 보여줄 수 있습니다. 현장경험을 많이 해야 합니다. 이론만 준비 되어 있으면 막상 현장에서 좋은 선수트레이너의 모습을 보여줄 수 없습니다. 어떤 종목의 선수트레가 되더라도 해당 종목을 경험해 보아야 합니다. 눈으로만 보는 것과 직접 몸으로 느끼고 이해하는 것은 엄청난 차이가 있습니다. 이렇게 해당 종목을 경험한 것을 토대로 선수들에게 필요한 트레이닝을 적용하고 케어를 해준다면 선수들에게 인정받는 훌륭한 선수트레이너가 될 수 있을 것입니다.

現 경희대 태권도(품새) AT **김 무 성**

사이클 선수트레이닝

1. 종목 소개 및 특성

간단하게 사람의 힘으로 경기용 자전거를 사용하여 속도 경쟁에 임하는 경기를 말합니다. 사이클 경기는 벨로드롬이라 불리는 경기장경기와 도로경기가 있습니다.

벨로드롬은 사이클경기의 전용경기장으로서, 트랙을 비탈지게 하여 직선 부분은 7°~ 15°, 코너 부분은 45°로 되어 있습니다.

트랙은 마룻바닥, 시멘트, 아스팔트제 등이 있으나, 현재는 대부분 노면 저항이 적은 마룻바닥으로 된 경기장이 많습니다. 경기종목과 기법은 다양하지만, 그 중 중요한 경기들은 스프린트, 단체스프린트, 개인추발, 단체추발, 포인트 경기, 경륜경기, 메디슨경기 등이 있습니다.

실외 경기로는 육상으로 치면 마라톤의 해당하는 도로경기와 모굴코스를 달리는 BMX경기가 있습니다.

2. 시즌

사이클 대표팀은 휴식기 없이 빡빡하게 시즌을 보내게 됩니다. 트랙경기는 보통 1월에 아시아 선수권, 3월에 세계선수권, 12월부터 대략 한 달 간격으로 월드컵, 그 외에 각종 외국 시합 일정 등이 추가 됩니다. 도로경기는 1월에 아시아선수권, 6월에 투르 드 코리아, 그 외에 외국시합 등으로 바쁜 일정을 보내게 됩니다. 상황에 따라서 올림픽, 아시안게임 등으로 인해 일정 변동이 생길수도 있습니다. 현재 대표팀 트레이너는 한명이기 때문에 트랙시합과 도로시합에 지역과 장소가 다른 경우가 많아서 그 어떤 스텝보다 바쁜 일정을 보내게 됩니다.

3. 부상 및 훈련

단거리 종목 같은 경우는 사이클을 타고 트랙 훈련을 우선적으로 진행하고, 웨이트 트레이닝은 근력과 순발력 위주에 고강도 훈련을 진행합니다.

중장거리 종목 같은 경우는 사이클을 타고 도로에서 훈련을 우선적으로 진행하고, 웨이트 트레이닝은 안정성 위주에 정적인 훈련을 진행합니다.

종목 특성상 사이클을 타고 지속적으로 상체를 숙인 상태에서 골반과 무릎을 많이 사용하기 때문에 상지는 어깨 하지는 허리와 무릎에 부상이 많이 오게 되며, 시합이나 훈련 중에 낙차나 충돌로 인한 타박상 및 골절 등에 손상이 생길 가능성이 높습니다.

어깨 부상은 상체를 숙인 상태로 오랫동안 사이클을 타기 때문에 견갑골에 과도한 거상 및 상방회전이 심해진 상태에서 어깨 후방에 과도한 압박력으로 인해 상완골두 부분이 전방으로 밀려나게 되어 전방 충돌 증상 및 견봉하 공간이 좁아짐으로 인한 극상근 찡김 현상으로 인해 힘줄 염증 및 손상을 야기합니다.

허리는 고관절이 뻣뻣해지면서 보상으로 골반에 과도한 움직임으로 인한 요추부에 충격으로 문제점이 많이 생기며, 무릎은 고관절과 발목에 가동성 제한으로 인해 뒤틀림이 심해져 인대나 연골부근에 문제점이 많이 보이게 됩니다.

강도 높은 훈련을 하다보면 부상에 위험성이 너무 높아지기 때문에 보강 운동은 필수적으로 진행해야 합니다. 우리 몸에 관절마다 안정성을 유지시켜주는 근육들을 열심히 보강시켜주고 그

근육들은 선수들이 직접적으로 움직임을 주었을 때 작용하도록 인지시켜주는 것도 굉장히 중요합니다. 우리 몸에 근육은 결국 신경을 타고 뇌에 지배를 받는 구조이기 때문에 선수 본인이 훈련을 통해 자신에 신체에 움직임이 어떻게 변화가 되는지를 제대로 확인시켜주고 느낌을 받게 해주는 것이 가장 중요합니다.

4. 에피소드
워낙 일정이 빡빡하게 진행되며, 외국 시합도 많기 때문에 다양한 일들이 많이 생기지만 외국에서 사이클에 인기는 우리나라에서 축구 월드컵만큼 인기가 높습니다.
그렇기 때문에 사이클 월드컵이나 세계선수권대회 등에서 느끼는 경기장에 열기는 상당히 뜨겁습니다. 소름 돋을 정도입니다. 우리나라는 아직 유럽에 비해서 성적도 높지 않고 선수층도 두텁지 않고 비인기 종목이라서 지원도 좋지 않은 현실이라서 외국시합을 나가면 조금 무시당하는 느낌을 받는 게 사실입니다. 하지만 트레이너로써 자부심을 느꼈던 부분은 제가 경기장에서 선수들에게 적용했던 다양한 스트레칭이나 다양한 수기 관리법 등을 매우 관심 있게 보고 동영상 촬영을 해도 되냐며 물어보고 사진도 찍던 모습에서 뿌듯함을 느끼게 되었습니다. "우리나라 트레이너들은 굉장히 높은 수준을 갖고 있다."라는 걸 보여주고 왔던 부분이라 기분이 좋았습니다. 한 가지 개인적으로 아쉬운 점이 있다면 영어를 잘했다면 하는 아쉬움과 함께 언어의 중요성을 깨달았습니다.

5. 조언 한마디
배움에는 끝이 없고 사람 몸에는 정답이 없습니다.
그렇기 때문에 늘 의심하고 또 의심을 해야 리스크를 줄일 수 있습니다.
리스크를 줄이기 위해서 선수들 상태 체크 업을 확실하게 하고, 번거롭겠지만 스토리를 작성해서 관리를 하도록 합시다.
많이 배웠다고 많이 경험했다고 해서 내 능력과 가치를 높게 평가하는 것보다는 내가 관리하는 사람들에게 인정받는 트레이너가 되는 것이 으뜸인 트레이너라고 생각합니다.

前 사이클 국가대표팀 AT **박 좌 훈**

핸드볼 선수트레이닝

1. 종목의 소개

핸드볼은 로마, 그리스에서 기원하여 독일에서 현대의 형태로 규칙이 만들어졌다.
경기장은 길이 40m, 폭 20m의 직사각형으로, 두 군데의 골에어리어와 나머지 경기구역으로 구성된다. 길이가 긴 쪽의 경계선을 사이드라인, 짧은 쪽의 경계선을 골라인(골 포스트 사이)과 외곽 골라인(골의 양쪽부분)으로 칭한다. 경기장은 사이드라인을 따라 최소 1m 폭, 골라인을 따라 최소 2m 폭의 안전지역을 확보하여야 한다.
16세 이상 팀(남·여 고교 및 대학, 일반)의 경기시간은 전·후반 각 30분이며, 10분간 중간휴식을 갖는다. 각 팀은 연장전을 제외한 정규 경기시간에 전·후반 각 1회씩, 1분 간의 팀 타임아웃을 가질 수 있다.
팀은 최대 14명으로 구성된다. 경기장에는 7명 이하의 선수가 있어야 하며, 그 나머지는 교대선수가 된다. 각 팀은 경기 중 항상 1명의 골키퍼를 두어야 하며, 골키퍼는 언제든지 코트선수가 될 수 있다.
*4-10 : 선수가 피를 흘리거나 신체 또는 유니폼에 피가 묻은 경우, 지혈 또는 상처를 감싸거나 신체와 유니폼을 닦아내기 위해 즉시 경기장을 벗어 나야 한다(일반적인 교대를 통해). 선수는 조치가 끝날 때까지 경기장 안에 돌아올 수 없다.(대한핸드볼협회 경기규칙 발췌)

시즌은 매년 다른 시기에 국제 시합 스케줄에 따라 조정된다. 대한 핸드볼 협회 홈페이지에서 자세한 정보를 얻을수 있다.
2018-2019핸드볼 코리아 리그 기준 남자부 6개팀 여자부 8개팀 으로 진행되고 있다.
핸드볼은 몸싸움이 허용되는 스포츠 이다. 때문에 선수들은 많은 부상에 노출되어있고 작은 시합장 때문에 선수들은 무산소성 대사를 전후반 지속해야 한다. 핸드볼경기시 1회 이동거리는 전체의 70%이상이 14-23m이며 이 움직임은 6.5-9m/s의 속도로 움직인다.(International Handball Federation / 1991)

2. 부상과 프로정신

센터, 윙, 백, 센터, 골키퍼 모두 특징적인 움직임을 반복하는데 속공이나 빠른 방향전환시에 무릎이나 발목의 과사용으로 인한 부상이 많이 나타났고 강하게 공을 던지는 동작에서 비롯되는 회전근의 파열도 많이 나타났다. 수비수의 블록으로 인한 접촉성 부상은 모든 신체 부분에 발생하는 편이다. 웨이트 트레이닝은 핸드볼선수에게 가장 중요한 훈련중 하나인데 아쉽게도 모든선수가 하나의 프로그램안에 훈련을 하는편이다. 또 시합이 다가오면 무게를 줄이고 횟수를 늘리려고 하는 경향이 많았는데 나는 1RM을 일주일에 한번씩은 권하는 편이었다. 생각보다 많은 운동선수가 올바른 웨이트 트레이닝법에 대하여 잘 모르고있기때문에 근거중심 트레이닝에 초점을 두었고 재활중인 선수를 대상으로한 야간 코디네이션 훈련에 선수단중 절반의 선수들이 자진해서 종종 참가했다. 합숙하는 선수들에게 야간의 지루함을 달래기 위함도 있겠지만 스스로 나아지는것을 느끼고, 자신에게 투자하려는 프로정신이 멋져보였다.

3. 이기려는 자세

핸드볼은 빠른 경기 진행과 복잡한 전술의 대립, 팀플레이의 결정체인 아름다운 스포츠이다. 국내의 선수들은 선후배간의 관계도 두터워서 험한 몸싸움에도 시합장에서 얼굴 붉히는 일이 잘 생기지 않는다. 하지만 매 시합은 부상의 위험으로 넘쳐난다.

핸드볼 팀 트레이너로서 기억남는 경기를 꼽으라면 정읍 국민체육센터에서의 것이다. 결승전에 올라가기 위해서는 꼭 승점이 필요했는데 활약하던 윙 선수가 상대편의 반칙성 수비에 발목 인대가 파열되는 부상을 당했다. 엎친데 덮친 격으로 공격 포인트를 많이 내는 선수가 경기중 갑자기 공을 떨어뜨리고 손을 움켜쥐었다. 코트에는 빨간 점이 뚝뚝 떨어졌다. 심판의 사인이 떨어지고 시합장으로 달려가 봤더니 선수는 4번째 손가락 탈골을 동반한 열상 소견이었다. 다행히도 스스로 정복한 상태였지만 피가 계속 흐르고 있으니 코트 밖에 나와야 했는데, 이내 전반전 종료를 알리는 휘슬이 울렸다. 빠른 정복때문인지 상처를 제외하면 기능적으로 이상이 없어 보였고 뛰게 만들어달라는 선수의 요청에 따라 수술방에서 쓰는 3M 테이프로 수직방향, 나선방향으로 상처를 감싼 다음 세 번째 손가락을 함께 감아서 지지대 로 삼게 했다. 핸드볼선수에게는 손가락 끝을 감는것을 피해야 하는데 이는 공이 손가락 끝을 마지막으로 떠나기 때문이다. 그 선수의 부상투혼으로 팀은 힘겨운 승점을 따낼수 있었고 짐작하건대 그 결단은 다른 선수들에게 귀감이 되었을 것이다. 선수는 시합이 끝나고 다시 테이핑을 했고 다음날 봉합수술을 하였다. 방사선 사진 에서 깨끗하게 정복된 것도 확인할 수 있었다. 일반적으로 봉합은 지혈이 되었고 감염의 위험이 없다면 24시간 안에만 하면 괜찮다. 급하게 응급실을 찾아 힘을 빼는 것 보다는 상황이 된다면 다음날 전공의를 찾아가는 것이 좋을 것 같다. 119 응급 전화는 화재 신고 뿐만 아니라 근처에 있는 의료시설의 정보도 제공하니 활용하는 것도 좋은 방법이다.

4-10의 규정때문에 나는 항상 출혈에 대비하였다. 멸균거즈와 지혈제, 그리고 수술방에서 쓰는 파란색 글러브를 착용하였다. 기억하기로는 당시 핸드볼 트레이너중 글러브를 착용한 것은 내가 유일했던 것 같다. 다른 팀의 트레이너들도 본인과 선수를 보호하기위하여 착용하는 것이 좋을 것이라 생각된다.

4. 가장 중요하고 어려운 것

선수 트레이너를 하려는 선생님들께 현장의 트레이너로서 전달 해드리고 싶은 말은 본인을 사랑하라는 것이다. 트레이닝을 사랑하는 만큼, 선수를 위하는 마음만큼 본인의 안녕은 중요하다. 많은 선생님들이 팀을 빛내기 위해 일선에서 본인을 몰아붙이듯 희생시키다 가장 멋졌던 본인의 미소를 잃어버리곤 한다.

핸드볼팀에서의 나는 의무, 체력 트레이너로서 업무가 많았다. 보고서 작성, 물품 신청, 치료, 웨이트 트레이닝 스케줄, 야간 체력훈련, 각종 행사 등을 소화 하다 보면 업무가 11시를 넘어서 끝나는 일이 태반이었다. 졸리고 피곤한 몸을 이끌고 체육관에 가면 전문훈련에 참가하지 못하는 선수의 재활이나 보강 운동을 시키는데 어느날 돌아보니 정작 나를 위한 운동 시간은 없는 것이었다. 몸은 점점 망가졌고 직업이 무색하게도 병원에 가야만 했다. 치료를 받고 나오면서 나를 위한 시간도 필요하다고 생각했다. 내가 없이는 일도, 팀도 소용 없는것이니까. 더하여, 좋

은 팀플레이어가 되기 위하여 늘 고찰하는 것이 좋을 것 같다. 호날두가 11명 있는 팀은 결코 승리하지 못할 것이다. 각자의 짜인 역할에 대하여 이해하고 배려하며 서로의 역할을 한다면 좋은 시계의 무브먼트처럼 아름다운 소리를 낼 것이다. 가령 선수를 이해하기위해서는 그 운동을 어느 정도 수준까지는 해보는 것이 좋겠다. 궁극적으로는 팀의 선장인 감독의 의중을 잘 파악하고 알맞은 지원을 하는것이 팀 트레이너의 역할이라고 믿어 의심치 않는다.

前 SK 핸드볼팀 / 現 사격 국가대표팀 트레이너 / 피지오짐 AT **김 문 교**

골프 선수트레이닝

1. 종목의 소개
다수의 홀이 갖춰진 경기장에서 정지된 공을 골프채로 쳐서 홀에 넣는 경기로, 홀에 들어가기까지 걸린 타수가 적은 사람이 경기에 이깁니다. 경기는 1번 홀부터 18번 홀까지 차례로 규칙에 따라 클럽으로 공을 치면서 행해지는데, 공을 친 횟수가 적은 사람이 승자가 되며, 18홀의 경기를 1회전 경기라고 합니다. 걷는 거리는 약 6km, 소요시간은 4시간이 표준입니다. 걷고, 치고를 반복하면서 하는 경기입니다. KLPGA 1부 투어 시즌은 4월~11월까지이며, 한 시즌에 약 30개의 대회로 구성돼있습니다. 한 대회당 3~4라운드로 구성돼있어 1부 투어 선수들은 시즌 간 체력관리가 필수적입니다.

2. 공부해야 하는 과목 및 자격증
선수 트레이너가 되기 위해서는 종목에 대한 이해보다 먼저 기본적인 학문에 대한 이해가 필요합니다. 우선 필수적으로, 해부학, 기능해부학, 운동생리학, 운동영양학 등등이 필요할 것입니다. 이러한 과목들에 대한 공부는 자격증을 통해 하시면 됩니다. 자격증의 종류는 현재 들어 너무나도 다양해졌지만, 그 중 공신력이 있는 자격증들이 선수트레이너가 되기 위해서 많은 도움이 될 것입니다. 국가 자격증인 건강운동관리사, 그 외에 대한선수트레이너협회 자격증, 대한운동사협회 자격증. 개인적인 의견으로는 이 3가지 자격증이 지금 현재로서 가장 공신력이 있는 자격증이라 생각합니다. 그러나, 이 자격증들은 선수트레이너에 있어 가장 기본적이고, 기초적인 부분이라 생각하시면 됩니다. 그 이외에 현장에서 지도하거나 , 케어하는 부분에서의 테크닉은 세미나나 연수를 통해 성장해 가는 것이 좋지 않을까싶습니다.

3. 좋은 점과 힘든 점
먼저 가장 좋은 점은 간단합니다. 재미있고 보람이 있다는 것입니다. 저는 일반인 트레이너로서 처음 트레이너를 시작했습니다. 물론 일반인 트레이너와 선수 트레이너는 장단점이 존재합니다. 그러나 제가 선수 트레이너를 택한 것은 위의 이유이기 때문입니다. 시합 현장에서 선수를 케어하는 것은 굉장히 큰 책임감이 필요로 합니다. 시합에 방해되는 요소들을 즉각적으로 잘 케어하지 못하면, 선수들이 시합에 큰 영향을 미칠 수 있기 때문입니다. 이 문제를 잘 해결하였을 때 그 큰 책임감은 말로 설명할 수 없는 보람으로 다가올 것입니다. 선수는 좋은 경기력을 위해 노력할 것이고, 저희는 선수들이 좋은 경기력을 내기 위한 좋은 컨디션을 만들기 위해 노력할 것입니다. 이 두 부분이 시너지를 이뤄 성적을 떠나 좋은 결과를 냈을 때의 보람, 이것이 선수트레이너의 가장 좋은 점이 아닐까 싶습니다.

반면에 힘든 점도 있습니다. 다른 종목도 비슷하겠지만, 골프는 시즌 중 매주 경기를 한다고 생각하면 됩니다. 골프는 종목 특성상 대회 당 모두 다른 곳에서 대회를 진행합니다. 그러다 보니 이동하는 거리가 깁니다. 시즌 중 8개월이라는 시기 동안 운전하는 거리가 약 25000km 이상 이동합니다. 제주도 대회도 한 시즌에 3번 정도 있기 때문에 항상 이동하고 돌아다니는 생활을 하는 단점이 있습니다. 그리고 시합장으로 케어하러 가는 것 외에도, 시합이 없는 날에도 선수

들 체력관리를 위해 운동을 시키기 때문에 쉬는 날이 많이 없다는 단점이 있습니다.

장점과 단점 공존하지만, 단점에 대해서 선수 트레이닝에 대한 욕심과 열정이 있다면, 큰 문제가 되지 않다고 생각합니다.

4. 이런 부상이 많다
골프라는 종목은 특히 부상이 많은 종목이라고 합니다. 그 이유가 편측 운동이기 때문입니다. 한 방향으로 움직임을 많이 가지기 때문에 몸의 정렬이 망가져, 목, 어깨, 허리, 골반, 무릎, 발목, 손목 부상이 골고루 많습니다. 많기도 많지만, 가장 경기력에 직접적으로 영향을 미치는 부상을 척추 부분의 부상입니다. 올바른 척추각과 정렬을 가지지 않은 상태에서 편측 움직임을 가지다 보니 척추 부분의 부상이 크게 오는 편입니다.

5. 이런 훈련을 많이 한다
가장 중요하게 생각하고 훈련시키는 부분은 올바른 척추각을 만드는 부분입니다. 척추정렬을 올바르지 않은 상태에서의 한방향의 스윙동작은 몸을 계속적으로 망가지게 할 것입니다. 그래서 먼저 자세적인 부분에서 골반과 척추 정렬을 확인하고 그에 맞는 운동을 진행합니다. 예를 들어, 흉추가 많이 굽은 선수들은 흉추회전이 잘 안 나오기 때문에 회전할 때 요추의 부담이 커질 것입니다. 그렇기 때문에 흉추회전에 대한 훈련보다 먼저 흉추를 펴주는 운동을 먼저 해줍니다. 그 이외에 여러 케이스에 맞게 올바른 척추 정렬을 만들어 주기 위한 훈련들을 많이 하는 편입니다.

6. 조언 한마디
모든 선수 트레이너들이 할 수 있는 말은 하나인거 같습니다. '보람' 이 하나가 심적으로 육체적으로 힘들지만, 모든 선수트레이너들을 움직이게 하는 원동력이라고 말 할 수 있을 것입니다. 물론, 이로 인해, 선수들의 신뢰를 많이 얻게 되는 트레이너가 된다면, 좋은 환경에서 좋은 보수로 일 할 수 있을 것입니다. 공부를 많이 하는 것, 많이 아는 것, 처치와 케어를 잘하는 것 모두 중요하지만, 이것만으로는 선수들의 신뢰를 얻을 수 없습니다. 선수들에게 진심으로 다가가고, 공감하며, 많은 대화를 할 수 있는 것, 어쩌면 이런 것들이 선수 트레이너에게 더 중요한 부분일 수 있습니다. 그러려면, 많은 경험과 노하우도 필요할 것입니다. 1년 2년으로 좋은 트레이너가 될 수 없다고 생각합니다. 조급해 하지 않고, 멀리 보고, 차근차근 학문적으로나, 경험, 노하우를 쌓는다면, 좋은 선수 트레이너가 될 수 있지 않을까 싶습니다.

前 KLPGA 1부 투어 AT **선 종 협**

야구 선수트레이닝

1. 선수트레이너를 지원하게 된 계기
운동선수들에 대한 애착과 스포츠를 좋아하고 즐기는 성격이 계기가 되었습니다. 어려서부터 스포츠에 관심이 많았고 특히 야구를 좋아하던 일반적인 학생이었습니다. 선수로서 자랄 수 있는 환경은 아니었기 때문에 그저 친구들과 어울려 즐기는 수준이었습니다. 그저 운동선수는 저의 동경의 대상이었습니다. 고등학교에 진학해 입시 준비생이 되었을 때 내가 잘할 수 있으면서 좋아할 수 있는 것이 뭔지 고민했습니다. 그러다 운동 선수들의 경기력 향상과 재활 등의 학문들이 눈에 띄었고 경희대 스포츠의학과에 진학하게 되었고 가장 좋아하는 종목인 야구 팀에 연이 닿아 선수트레이너가 될 수 있었습니다.

2. 좋은 점과 힘든 점
제 개인적인 생각으로 가장 큰 좋은 점을 뽑자면 자부심과 보람입니다. 관리를 받은 선수들이 필드에서 좋은 경기력을 보여주고 성장한 모습들을 보여줄 때만큼 기쁜 순간이 없습니다. 또 그것을 선수들이 알아줄 때 느끼는 보람은 이루 말할 수 없는 기쁨을 느낍니다.
또한 공통의 목표를 향해 모두 자기의 역할에서 노력하는 희노애락을 함께하는 단체생활이기 때문에 감독, 코치, 선수들과의 동료애와 소속감을 느끼는 것도 좋은 점이라고 생각됩니다.

힘든 점은 개인적인 시간이 부족하다는 것입니다. 팀의 스케줄에 따라 움직여야하기 때문에 개인적인 일보다는 팀이 우선이 되어야 합니다. 대부분의 단체 생활이 마찬가지겠지만 선수를 중심으로 업무가 진행되는 선수트레이너는 보다 많은 개인적인 생활을 감내해야 합니다.

3. 이런 부상이 많다
기본적으로 야구공을 던지는 부분에 있어서 어깨가 많이 부상을 당합니다. 지명타자를 제외하고 공을 던지는 동작은 야구선수들에게 필수적이기 때문에 가장 강하고 많은 공을 던지는 투수 못지 않게 야수들도 어깨 부상을 겪습니다. 충돌증후군(Impingement syndrome), 이두장건과 관절와순(SLAP), 회전근개 손상(Rotator cuff injury) 부상이 높은 비중을 차지합니다.

또한 반복적이고 강한 충격에 의해 팔꿈치의 손상도 잦습니다. 내측측부인대의 손상(MCL injury)과 충돌증후군(Impingement syndrome)이 대표적이며 뼈의 손상까지도 이어지는 경우도 있습니다.

배트의 스윙시 강한 힘의 전달을 위한 손목 관절의 사용은 필수적입니다. 때문에 공을 쳐내는 타자들은 손목의 부상이 잦습니다. 삼각섬유연골복합체(TFCC), 갈고리뼈(Hamate fracture), 주변 작은 뼈들의 미세골절(Stress fracture)이 대표적입니다.

또한 야구 종목의 주된 동작들은 피칭, 배팅, 디펜스 동작입니다. 모든 동작들에 몸통의 강한 회전과 굽힘, 폄이 이루어지기 때문에 허리의 과도한 사용이 이루어집니다. 때문에 허리의 통증 또한 공통적이며 대표적인 부상입니다.

4. 이런 훈련을 많이 한다

야구는 신체의 무게중심 이동으로 주된 힘을 발현시키는 종목입니다. 때문에 피칭 동작, 배팅 동작 시 몸통의 회전과 굽힙, 폄은 주가 되고 수비 시에도 무게중심을 낮추고 있기 때문에 몸통의 안정성은 필수적입니다. 즉 코어의 힘은 경기력을 결정 짓는다고 해도 과언이 아닙니다.

코어 트레이닝을 통해 부상의 예방과 관리, 강화 및 보강의 개념으로 주된 코어의 강화가 이루어져야 합니다. 짐볼과 메디신볼 등을 이용한 복근과 배근, 고관절의 강화 트레이닝을 많이 합니다.

또한 어깨의 보강 운동은 꾸준히 트레이닝을 진행되어야 합니다. 튜빙과 저중량 아령, 바디블레이드를 이용한 회전근개와 견갑골 주변 근육들의 강화를 통해 항시 보강을 시켜줘야 합니다. 특히 투수들에게 어깨 보강 훈련 은 가장 필수적인 운동입니다.

5. 조언 한마디

선수트레이너는 '어머니'로 비유가 됩니다. 세세한 관리부터 시작해 다양한 부분에서 가족들을 보살피는 그런 존재이기 때문입니다. 때문에 기본적으로 선수트레이너는 많은 일들을 할 수 있어야합니다. 한 부분에 집중적으로 능한 것도 좋지만 다양한 학문에 대한 박학다식함도 중요한 요소기 때문에 시야를 넓히는 것이 좋을 것 같습니다.

또한 팀과 종목마다 다른 분위기와 환경에 적응하고 팀의 일원으로써 감독, 코치들과 함께 선수들을 지도하고 이끌어야 하기 때문에 유연한 사고방식과 적응력은 필수적입니다. 선수 트레이너로서의 능력도 중요하지만 사회성도 중요합니다. 꼭 선수 트레이너로서의 경력이 아니더라도 다양한 환경에서의 경험과 적응 능력은 선수트레이너의 자질을 향상시키는 좋은 방법이라고 생각합니다.

前 경희대 야구팀 AT 서 동 균